구약의 민주주의 풍경

○ 믿음이란 한 알의 밀알이 땅에 떨어져 죽음으로 많은 열매를 맺음과 같이
진리의 열매를 위하여 스스로 죽는 것을 뜻합니다. 눈으로 볼 수는 없으나
영원히 살아 있는 진리와 목숨을 맞바꾸는 자들을 우리는 믿는 이라고 부릅니다.
「믿음의 글들」은 평생, 혹은 가장 귀한 순간에 진리를 위하여 죽거나 죽기를 결단하는
참 믿는 이들의, 참 믿는 이들을 위한, 참 믿음의 글들입니다.

구약의 **민주주의 풍경**

고대 이스라엘
의회제도

기민석

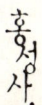

초대글 6

1장
고대 사회의 생명 존중

패륜아를 잡아 죽일 때 12
끓어오르는 복수심 20
미제 살인 사건 30

2장
공동체도 생명이다

왕의 갑질을 막아라 40
억울한 죽음이 없어야 48

3장
어르신을 잃은 사회

우리의 미래는 어르신에게 있다 56
어른의 경험과 지혜 65

4장
민주주의

의논하는 공동체 78
의논하시는 하나님 88
법이 곧 정의는 아니다 99

5장
판단력

복수의 증언으로 판단하라 112
인간의 변호인 123
다수결? 제비뽑기! 135
법은 법일 뿐 146

짧은 이야기 — 천상의회 판타지아 160
주 167
참고문헌 186

초대글

아서 클라크의 소설 《2001 스페이스 오디세이》(2001: A Space Odyssey)를 처음 읽었던 때 느꼈던 경이로움을 잊을 수가 없다. 2001년은 벌써 지나갔지만, 이 책을 읽었던 1980년대에는 '2000'으로 시작하는 연대가 온다는 것 자체가 실감나지 않았다. 유독 공상을 좋아했던 어린 시절, 미래 공상 과학 소설이나 영화는 최고의 즐거움을 가져다주는 매개체였다.

신학교에 들어가 성서에 관심을 가지면서 공상의 즐거움은 예전과는 다른 시간으로 뻗어 가기 시작했다. 미래가 아닌 과거로. 구약성서를 읽으면서 고대 이스라엘 사람들의 신앙과 삶, 사회, 정치 등 그들의 과거를 상상하고 재구성하는 것이 오지 않은 미래를 상상하고 그려 보는 것보다 더 큰 즐거움을 주기 시작했다. 그 즐거움이 구약성서 연구의 세계로 이끌어 주었다.

상상은 현실보다 강렬하다. 모든 것이 다 보이고 공개되어 버린 현실은 지루하기까지 하다. 적절히 감추어지고 가려진 과거는 상상의 힘으로 일어나 가상현실을 눈앞에 이루어 놓는다.

구약성서의 과거를 상상하는 것. 그것을 위해 필요한 재료들은 다 화석 같다. 오래되어 빛바랜 초상화 같고, 박제가 된 짐승 같다. 그래서 오히려 가슴이 뛴다. 영화 〈쥬라기 공원〉의 한 장면이 생각나기 때문이다. 상상에서만 그리던 공룡들이 살아나 초원 위를 뛰어가는 광경이 스크린에 펼쳐지는 그때의 감격은 이루 말할 수 없을 정도였다. 같은 기대를 가지고 성서를 열어 본다. 고대 이스라엘 민족과 그 주변 민족들이 남긴 유물에서 유전자 한 조각이라도 뽑아내어 생생하게 되살려 보고자 하는 것이다.

이 책의 집필을 마무리하던 시기, 영화보다 흥미진진한 일이 벌어졌다. 대통령 탄핵 심판이다. 구약성서와 연계되는 개념인 '공동체', '정의', '재판', '소송', '의사 결정', '민주주의'는 재미가 없어서 듣는 사람마저도 화석이 될 것 같다. 그런데 대통령 탄핵 심판을 둘러싼 일들은 그저 과거를 엿보는 것에 그치지 않게 했다. 지금 한국 사회에 주는 뚜렷한 메시지를 고대 세계에서 들을 수 있게 된 것이다.

불의와 갈등, 권익 등과 관련된 문제가 지금도 세계 곳곳에서 일어난다. 서구와 중동의 오래된 종교-정치적 마찰 때문에 파리에서 참혹한 테러가 자행되었다. 땅콩 봉지 하나 때문에 비행기 승무원들이 무릎을 꿇고 폭언을 들은 갑질 논란도 우리 주변에 있었다. 청와대에서 벌어진 비선의 원칙 농락 사건은 우리를 부끄럽게, 절망스럽게 그리고 분노하게 만들었다. 사랑과 정의의 공동체인 교회에서 목사와 장로, 장로와 집사들이 남부끄러운 불협화음을 쏟아 내는 건 이제 놀라운 일도 아니다.

성서에서도 마찬가지였다. 먼 옛날 이스라엘에서는 아들이 망나니라며 잡아 죽이려는 아버지 때문에 마을 장로들이 나서야 했다. 자기들이 세운 왕의 전횡 때문에 공동체가 망가지자 뒤늦게나마 왕의 재산을 제한하고 왕을 제대로 신앙교육하자는 법률도 고안되었다. 구약성서는 고전이자 귀중한 문화 자료이기도 하지만, 유대교와 기독교가 하나님의 계시로 믿는 경전이기에 더 들여다볼 가치가 있다.

'화석'이라고 표현하기도 했지만 인류 역사상 성서만큼 생기 있는 유산이 없다. 몇천 년 전에 쓰인 책이지만, 이 땅의 많은 신앙인들이 아침마다 맛있게 먹는, 막 구운 빵 같은 하늘의 양식이기도 하다. 하지만 성서의 모든 본문이 그런 대접을 받지는 못한다. 달콤한 구절들은 즐겨 읽히고 묵상

되지만, 박물관의 박제처럼 먼지만 쌓이는 본문도 많이 있다. 특히 법률, 제사, 제도 등과 관련된 본문이 그러하다.

그래서 상상력이 필요하다. 메말라 버린 본문들을 상상력으로 생생하게 살려 보자. 실재보다 더 강력한 그 메시지를 들어 보자. 앞으로 나와 여러분은 장로들의 모임, 회의, 재판, 결정, 정의 등등 2, 3천 년 전 이스라엘에 울려 퍼졌던 절박한 외침을 재생시켜 볼 것이다. 귀 기울여 보시기 바란다. 만약 홀로 무인도에 사는 분이 아니라면, 반드시 그 절박함이 전달될 것이다. 그때나 지금이나 우리는 더불어 사는 공동체의 일원이기 때문이다. 여러분 개인뿐 아니라, 우리가 사는 사회, 우리가 섬기는 교회에도 그 외침이 전달되리라 믿는다.

앞으로 다룰 구체적인 내용은 여기서 소개하지 않겠다. 그저 첫 장을 열어 어느 가정의 뒤숭숭한 사정부터 들어 보시기 바란다.

2017년 3월

기민석

○ 일러두기

• 이 저서는 2010년 정부(교육과학기술부) 재원으로 한국연구재단 지원을 받아 수행된 연구입니다(NRF-2010-327-A00201).
• 본문에 인용된 성경은 새번역성경입니다. 번역이 다른 경우는 별도로 표기하였습니다.

○ 약어표

ANET — J. B. Pritchard (ed.), *Ancient Near Eastern Texts Relating to the Old Testament*, 3rd edn; Princeton University Press, 1969.
BDB — F. Brown, S.R. Driver and C.A. Briggs, *A Hebrew and English Lexicon of the Old Testament*, Clarendon Press, 1907.
CDA — J. Black, A. George and N. Postgate (eds.), *A Concise Dictionary of Akkadian*, SANTAG 5; Harrassowitz Verlag, 1999.
KTU — M. Dietrich, O. Loretz and J. Sanmartín, *Die keilaphabetischen Texte aus Ugarit*, Verlag Butzon & Bercker, 1976.

1장
고대 사회의
생명 존중

패륜아를 잡아 죽일 때

자기 아들을 잡아 죽이고 싶으면 어떻게 해야 할까? 설마 그럴까 하시겠지만, 이에 대한 친절한 안내가 성서에 나와 있다. 고대 이스라엘의 문화, 관습, 신앙을 들여다볼 수 있는 구약성서의 한 본문을 읽어 보자.

"어떤 사람에게, 아버지의 말이나 어머니의 말을 전혀 듣지 않고, 반항만 하며, 고집이 세어서 아무리 타일러도 듣지 않는 아들이 있거든, 그 부모는 그 아들을 붙잡아, 그 성읍의 장로들이 있는 성문 위의 회관으로 데리고 가서, 그 성읍의 장로들에게 '우리의 아들이 반항만 하고, 고집이 세어서 우리의 말을 전혀 듣지 않습니다. 방탕한데다가 술만 마십니다' 하고 호소하십시오. 그러면 그 성읍의 모든 사람이 그를 돌로 쳐서 죽일 것입니다. 이렇게 하여서 당신들 가운데서 악을 뿌리 뽑아야 합니다. 그래야만 온 이스라엘이 그 일을 듣고 두려워할 것입니다"(신 21:18-21).

속 썩이는 아들 녀석을 처리하려면 이와 같은 절차를 밟아 속 시원히 해결할 수가 있었다. 농담이 과하여 죄송하지만 이유가 있다. 이 책을 통하여 연구 결과와 정보를 나누려면 불가피하게 여러분을 아주 먼 시간과 공간으로 모셔 가야만 한다. 낯선 곳이라 탈이 날 수도 있기 때문에 예방접종을 해드리는 것이다. 우리가 가볼 세계는 원시 이스라엘과 그 주변 나라들이며, 그 주된 자료는 구약성경과 고대 서아시아 문헌들이 될 것이다. 고대 서아시아란 대략 지금의 중동 지역을 가리키며 유럽 중심의 서구 세계에서 고대 근동(近東, Near East)으로 흔히 불린 곳이다.

신약성서 앞에 무척 두껍게 자리한 구약성서는 기독교와 유대교의 신앙 경전이자 고전이고 베스트셀러다. 기독교가 흥왕한 우리나라에서는 많은 이들이 아침이든 저녁이든, 책상에서든 지하철에서든 가깝게 대하고 있는 책이다. 그러다 보니 한 가지 쉽게 잊는 것이 있다. 성경은 너무나도 오래전에 너무나도 먼 곳에서 벌어진 일들을 담은 책이라는 것이다. 성경 속에 나타난 많은 사건과 정보는 고대 사회의 낯선 정황들을 염두에 두어야만 이해할 수 있는 것들이 많다.

위에 언급한 '아들 잡아 죽이기' 본문은 큰 의구심을 자아낼 것이다. 성경은 사랑과 희생을 강조하는 기독교와 유대교의 계시이며 '말씀'이라는데, 이런 이야기를 들으면 그저 잔인한 원시적 산물만 보인다. 하지만 약 3천 년 전 고대 중동 지역에 동화되어 본다면 그런 단정은 내리지 못할 것이다.

당시 이스라엘 혹은 그 주변 민족들이 위 성경 구절을 읽었다면 아마 다른 반응을 보일 것이다. '이런 원…, 내 자식 하나 잡아 죽이는데 뭐 저런 복잡한 절차들을 거쳐야 하나. 장로들이 뭘 안다고! 사회가 자꾸 이렇게 아버지의 권위를 깎아내리니 요새 젊은 것들이 방탕하고 말을 안 듣지. 망조네. 이러다가 사회가 망하겠어….'

당시는 실제로 아들 하나쯤 잡아 죽이기가 지금보다 훨씬 용이하였을 사회였다. 하지만 동시에 가부장적 사회에서 '아들'은 중요한 존재였다. 아들이 많이 있어야 집안도, 노후도 든든해지는 것이다. 건강하고 능력 있는 아들은 곧 노동력이고 재산이며, 자기와 집안을 지켜 줄 경찰이며 군인이기도 했다. 창세기 34장에 보면, 야곱의 딸이 이웃 남자에게 강간을 당하자 야곱의 아들들이 뭉쳐 피의 복수를 하였다는 기록이 남아 있다. 이처럼 아들은 현대 사회보다 훨씬 절실하고 현실적 이유로 중요한 존재였다.

그런데 같은 이유로 아들은 가장 효과적인 종교적 희생 제물이 되곤 하였다. 자기가 어떤 신을 진심으로 믿는다면 그는 가장 소중하고 귀한 것을 드린다. 있으나마나 한 것을 드리는 것은 신에 대한 모욕일 수도 있는 것이다. 그래서 예언자 말라기는 하나님보다 정치권력에 가까워지려 애쓰던 당시 종교 지도자들을 이렇게 질책했다.

> 눈먼 짐승을 제물로 바치면서도 괜찮다는 거냐? 절뚝거리거나 병든 짐승을 제물로 바치면서도 괜찮다는 거냐? 그런 것들을 너희 총독에게 바쳐 보아라. 그가 너희를 반가워하겠느냐? 너희를 좋게 보겠느냐?(말 1:8)

현대 자본주의 사회에서 인간에게 가장 중요하고 유용한 것은 돈이다. 그래서 신자들은 교회에 헌금을 하는 것이다. '진짜' 믿음이 없으면 그 유용한 돈을 쉽게 바칠 수가 없다. 이러한 종교적 기제 때문에 고대에는 돈이 아닌 가장 귀한 아들을 바치곤 하였다. 놀랍게도 성경은 인간을 향한 하나님의 사랑을 이렇게까지 표현하고 있다. 여기도 '아들'이다!

> 자기 아들을 아끼지 않으시고, 우리 모두를 위하여 내주신 분이, 어찌 그 아들과 함께 모든 것을 우리에게 선물로 거저 주지 않으시겠습니까?(롬 8:32)

자기의 외아들 예수를 십자가에 못 박아 죽음에 이르게 하였던 하나님의 사랑을 표현한 글이다. 늘 귀한 것을 하나님께 잡아 바치기만 하던 당시 인간들에게 던진, 하나님의 역설적 행위이다.

이렇게 귀한 아들을 잡아 바치던 사회가 바로 이스라엘이었다. 구약성서 창세기 22장에는 아브라함이 그의 외아들 이삭을 잡아 바치려 했던 잘 알려진 사건이 기록되어 있다.[1] 유대교, 기독교와 더불어 이슬람에서도 이 이야기는 매우 주요한 전승으로 알려져 있다. 유대교는 이것을 '아케이다'(묶다) 사건으로 부르며, 그들의 우여곡절 많은 운명을 이삭과 동일시하면서 다양한 신학적 해석을 낳기도 했다. 기독교에서는 위 로마서 구절처럼 예수의 십자가 희생과 연관하여 이해하기도 한다. 이슬람에서는 바치려 했던 아들이 이삭이 아니라 아브라함이 그의 여종 하갈 사이에서 낳은 첫 아들 이스마엘이었다고 보기도 한다. 그리고 이슬람 전승은 자신들을 이스마엘의 후예로 이해한다.

이 사건만이 아니라 구약성서 사사기 11장을 보면 입다라는 인물이 자기 외동딸을 희생 제물로 삼는 기록이 있다. 이스라엘 민족이 가나안 땅에 정착하여 사는 동안 몰렉이라는 신에게 아들을 불에 던져 바치는 풍습도 만연하였음을 성경은 알려 주고 있다.[2] 제의적 목적뿐만 아니라 적절한 인구 유지를 위해 유아들을 대량 학살하기도 했던 시대이다. 구약성서 출애굽기 1장에 보면, 이집트에서 히브리 노예들이 크게 불어나자 그들 중 갓 태어난 아기들 가운데 남자는 다 죽였던 기록이 있다. 신약성서 마태복음 2장에도 로마의 분봉왕(分封王, tetrarch) 헤롯이 유대인의 왕이 태어날 것이라는 소문 때문에 베들레헴의 영아들을 학살하였다는 기록이 있다. 이스라엘과 그 주변 민족뿐만 아니라 다른 문명에서도 집단적 영아 살해는 분명히 있었을 것이다.

이러한 시대적 환경과 더불어 고대 이스라엘은 절대적인 가부장 사회였기 때문에 집안의 가장이 가족의 일원을 죽일 권한이 있었다. 직손뿐만이 아니라 며느리까지도 죽일 수 있었는데, 창세기 38장을 보면 자기 며느리 다말이 정절을 지키지 못했다고 판단하여 유다가 그녀를 화형에 처하라고 명령한 기록이 나와 있다.

이렇게 열거하여 보니 등골이 오싹할 정도다. 그런데 당시 사회는 너무나 원시적이었기 때문에 이렇게 사람 하나 죽이는 것쯤은 그저 그런 일이었을까? 아들이나 딸 같은 친족인데도? 그들은 사람의 생명에 대한 경외 없이 그저 쉽게 한 생명을 처치했을까?

그렇지 않았다. 사람이면 느낄 수밖에 없는 인명 존중 혹은 인류

애가 그 사회에서도 신음 소리를 내었다. 사회의 안녕과 생존을 위한 기제가 지금처럼 발달하지 못하였기 때문에 무시무시한 처벌로 통제할 필요는 있었을 것이다. 하지만 이 때문에 일어날 혹은 이를 악용하여 발생하는 억울하고 불공평한 처사를 방지하려 했던 노력이 분명히 발견된다.

　이를 염두에 두고 신명기 28장 18-21절의 기록을 다시 살펴보자. "어떤 사람에게, 아버지의 말이나 어머니의 말을 전혀 듣지 않고, 반항만 하며, 고집이 세어서 아무리 타일러도 듣지 않는 아들이 있거든…." 만약 이런 아들이 있었다면 당시 사회의 분위기상 아버지가 즉결 처리할 수도 있었다. 그러나! 이렇게 하라고 권한다. "그 부모는 그 아들을 붙잡아, 그 성읍의 장로들이 있는 성문 위의 회관으로 데리고 가서… 그 성읍의 장로들에게 호소"하라. 적어도 그 아들이 집에서 아버지한테 그대로 맞아 죽는 것은 면할 수 있고 시간도 꽤 벌 수 있다. 신명기의 이 법률은 이러한 상황에 성급히 아들을 죽이지 말고, 패륜아를 죽이려 하더라도 반드시 장로들과 잘 상의한 끝에 판단하라는 장치가 숨어 있는 것이다. 그 가부장적인 사회에서 아버지뿐만 아니라 굳이 어머니까지 등장하여 '부모'가 같이 아들을 붙잡아야 한다는 명령도, 아버지가 경솔하게 아들을 죽일 가능성을 방지하는 장치라 할 수 있다.[3]

　사형도 주변 사람들 모르게 하는 것이 아니라 "그 성읍의 모든 사람이 그를 돌로 쳐서" 죽여야 한다고 한다. 돌을 들어 던져야 하는 "모든" 성읍의 사람들에게도 무척이나 부담스러운 일이 아닐 수 없다. 그 아들의 친구들도 성읍에 있을 터인데 과연 "모든" 남자들이 처형에 참여할 수 있을까? 물론 "모든"이라는 표현을 문자 그대로 적용하지 않는다 해도 말이다.

　아버지도 쉬운 일이 아니다. 모든 성읍 사람들이 손에 돌을 들게 하고 자기 아들을 쳐 죽이게 할 만큼 장로들과 성읍 사람들을 설득할 수 있을까? 이 신명기 법대로만 본다면 그 동네에서 극하게 혐오받는 진짜 '막가파' 패륜아가 아닌 이상 부모님께 막 대한다고 하여 죽임을 당하는 것은 불가능에 가까웠다.

　다시 말하여 위의 신명기 법은 잔인무도한 이스라엘의 사회상을 일면 드러내기도 하지만, 가엾게 죽임을 당할 수도 있는 한 약자의 생명을 보호하는 법률이기도 한 것이다. 그러면서도 동시에 "악을 뿌리 뽑자"는 강한 호소로 "두려움"을 주어 당시 젊은이들의 기강도 잡을 수 있는 이중적 역할을 하는 것이 이 법률문이라 할 수 있다. '눈에는 눈, 이에는 이'라는 동해복수법(同害復讐法, talion)도 충분히 있을 법한 과도한 복수를 제한하는 인도주의적 법안이다. 보통 억울한 일을 당하면 가서 눈만 뽑으려 하지 않는다. 눈뿐만 아니라 이빨도 다 부숴 버리기 일수다.[4]

　자, 이런 사회로 여러분을 초대하려 한다. 그런 살벌한 시대일수록 팔뚝이 굵은 강자들의 전횡이 판을 쳤을 것이다. 그런 사람들로 인해 약자들은 속수무책 당하기도 쉬웠을 것이다. 우리는 이런 불균형한 처사를 극복하려고 부단히 노력했던 그 흔적을 찾아보러 갈 것이다. 우리가 살펴볼 구약성경과 그 이웃의 고대 서아시아 문헌들은 인류 최초의 문명 자취가 남겨진 지역의 산물이기에 의미 있는 관찰이 될 것이다.

또 한 가지. 이런 공동체의 문제를 담당하고 중재하고 해결점을 찾는 중요한 역할을 '장로'들이 하였다는 것이다. 많은 교회에서 임직을 맡고 계신 분들도 '장로'라고 부른다. 원시 이스라엘처럼 공공사회의 사건들을 맡지는 않지만, 지금의 장로들도 교회 안의 사사건건 막중한 일들을 치리해야만 한다. 그 직무가 참으로 심각하고 중요하게 여겨지는 이 시대에, 우리는 구약 장로들을 통해 통찰력을 배워보고자 한다. 장로는 쉽게 말하면 어르신이다. 우리 어르신들이 얼마나 막중하고 귀한 책임을 지고 살아가야 하는지 이어서 살펴보자.

끓어오르는 복수심

이스라엘 사람들이 영웅으로 삼는 왕이 있다. 다윗이다. 그는 약 기원전 10세기의 인물이다. 이스라엘 국기 한가운데에 그려 넣는 문양이 '다윗의 별'이다. 다윗은 비유하자면 세종대왕과 이순신 장군의 퓨전으로 보아도 무방할 문화적·군사적 지도자다.

그의 탁월한 군사력 뒤에는 오른팔 요압 장군이 있었다. 두 사람은 함께 승승장구하였지만, 요압의 혈기와 다윗을 향한 집착은 다소 지나치기도 했다. 그는 자기보다 더 다윗에게 가까이 갈 인물을 용납하지 않았다. 한때 다윗은 요압을 물러 세우고 다른 장수 아마사를 대장으로 두려 하였는데 결국 요압이 아마사를 죽여 버렸다. 다윗의 아들 한 명도 요압이 죽였다. 이방 아람 공주와 다윗 사이에서 태어난 압살롬은 일종의 피해의식 때문인지 좀 삐딱한 아들이었다. 결국 아버지를 쫓아내고 왕위를 차지하게 되었는데, 이를 요압이 가만 둘 리가 없었다. 그 혈기를 잘 알기에 다윗은 아들 압살롬을 너그러이 대해 달라고 신신당부를 했건만, 요압은 압살롬을 가차 없이 죽이고 말았다.

결국 요압도 그 대가를 치른다. 다윗은 죽기 전에 자기를 이어 왕이 될 솔로몬에게 말을 남긴다. 요압이 절대 편히 죽지 못하게 하라는 것이다. 마침 요압은 솔로몬이 아닌 다윗의 다른 아들을 지지한 탓으로 죽음을 직감하고 있었다. 그의 마지막 모습은 참 처절했다. 구약성서 열왕기상 2장 27-34절을 아래에 옮겨 놓았다.

솔로몬은 아비아달을 주님의 제사장 직에서 파면하여 내쫓았다. 이렇게 하여서, 주님께서는 실로에 있는 엘리의 가문을 두고 하신 말씀을 이루셨다. 이런 소문이 요압에게 들렸다. 비록 그는 압살롬의 편을 들지는 않았으나, 아도니야의 편을 들었으므로, 주님의 장막으로 도망하여, 제단 뿔을 잡았다. 요압이 이렇게 주님의 장막으로 도망하여 제단 곁에 피하여 있다는 사실이, 솔로몬 왕에게 전해지니, 솔로몬은 여호야다의 아들 브나야를 보내면서 "가서, 그를 쳐죽여라!" 하였다. 브나야가 주님의 장막에 들어가서, 그에게 말하였다. "어명이오. 바깥으로 나오시오." 그러자 그가 말하였다. "못 나가겠소. 차라리 나는 여기에서 죽겠소." 브나야가 왕에게 돌아가서, 요압이 한 말을 전하니, 왕이 그에게 말하였다. "그가 말한 대로, 그를 쳐서 죽인 뒤에 묻어라. 그리하면 요압이 흘린 죄 없는 사람의 피를, 나와 나의 가문에서 지울 수 있을 것이다. 주님께서, 요압이 흘린 그 피를 그에게 돌리실 것이다. 그는 나의 아버지 다윗께서 모르시는 사이에, 자기보다 더 의롭고 나은 두 사람, 곧 넬의 아들인 이스라엘 군사령관 아브넬과, 예델의 아들인 유다의 군사령관 아마사를, 칼로 죽인 사람이다. 그들의 피는 영원히 요압과 그의 자손에게로 돌아갈 것이며, 다윗과 그의 자손과 그의 왕실과 그의 왕좌에는, 주님께서 주시는 평화가 영원토록 있을 것이다." 이에 여호야다의 아들 브나야가 올라가서, 그를 쳐 죽였다. 요압은 광야에 있는 그의 땅에 매장되었다.

혈기왕성하고 거칠 것 없었던 요압이었는데 마지막이 처량하고 비참하다. 살아 있을 때 사람 목숨을 그토록 잔혹하게 끊어 버리더니, 자기는 어찌해서든지 살고 싶었나 보다. 하나님을 섬기는 제단으로 도망가 그 제단에 달린 뿔을 처절하게 붙들고 있다.

그런데 왜 제단 뿔을 붙들고 있었을까? 아무 근거가 없는 것은 아니었을 게다. 자기보다 앞서 아도니야가 제단 뿔을 붙들어 목숨을 간신히 건진 것을 보기도 했다(왕상 1:50). 살해당할 위기에 처한 사람이 신을 섬기는 제단에 도망가서 무언가 붙들고 있을 경우 목숨을 건질 수 있는 법률 조항이라도 있었던 걸까? 마침 성서에는 이에 대해 답할 수 있는 본문이 있다. 출애굽기 21장 12-14절이다.

> 사람을 때려서 죽인 자는 반드시 사형에 처하여야 한다. 그가 일부러 죽인 것이 아니라 실수로 죽였으면, 내가 너희에게 정하여 주는 곳으로 피신할 수 있다. 그러나 홧김에 일부러 이웃을 죽인 자는, 나의 제단으로 피하여 오더라도 끌어내서 죽여야 한다.

앞의 열왕기서와 바로 위의 출애굽기에서 말하는 '제단'은 둘 다

같은 히브리어 단어 '미쯔베이아흐'(mizbēaḥ)를 사용하고 있다. 즉 고대 이스라엘에는 죽임을 당할 위기에 있는 사람이 신을 섬기는 제단으로 도망가 죽임을 면할 수 있었던 전통이 있었던 것이다.[5] 사실 어느 때 어느 사회에든 유사한 관습이 있었다. 고대 사회에서 신을 모시는 거룩한 장소에서는 사람을 치거나 피를 보는 것이 불경한 일로 여겨졌다.

사람을 죽이고 살리는 일, 즉 생명과 관련된 일은 공동체 안에서 매우 심각하고 조심스럽게 다루어야 하는 일로 여겨진다. 고대 사회에서도 마찬가지였다. 신성한 제단을 의지하여 죽임을 면하던 그런 전통이 고대 이스라엘에서는 더 구체적으로 확대되었다. 여호수아서의 기록을 보자. 20장 1절부터 6절까지의 기록이다.

주님께서 여호수아에게 말씀하셨다. "너는 이스라엘 자손에게 이렇게 일러라. '내가 모세를 시켜 너희에게 말한 도피성을 지정하여, 고의가 아니라 실수로 사람을 죽인 사람을 그 곳으로 피하게 하여라. 그 곳은 죽은 사람에 대한 복수를 하려는 사람을 피하는 곳이 될 것이다. 살인자는 이 성읍들 가운데 한 곳으로 가서, 그 성문 어귀에 서서, 그 성의 장로들에게 자신이 저지른 사고를 설명하여야 한다. 그러면 그들은 그를 성 안으로 받아들이고, 그가 있을 곳을 마련해 주어, 함께 살도록 해야 한다. 죽은 사람에 대한 복수를 하려는 사람이 뒤쫓아 온다 할지라도, 그 사람의 손에 살인자를 넘겨 주어서는 안 된다. 그가 전부터 그의 이웃을 미워한 것이 아니고, 실수로 그를 죽였기 때문이다. 그 살인자는 그 성읍에 머물러 살다가, 회중 앞에 서서 재판을 받은 다음, 그 당시의 대제사장이 죽은 뒤에야 자기의 성읍 곧 자기가 도망 나왔던 성읍에 있는 자기의 집으로 돌아갈 수 있다.'"

이제는 따로 성읍을 지정하고, 실수로 사람을 죽인 자들이 도피할 수 있게 하였다.[6] 이 본문과 관련하여 당시의 관행 몇 가지를 살펴보아야 하는데, 당시 이스라엘에서 살인과 관련하여서는 '피의 복수'가 가능했다. 공동체 안에 분쟁이나 범죄가 발생하면 장로들이 모여 의논하고 해결하였는데, 살인의 경우 특히 고의적 살인이라고 여겨지는 경우는 피해자 친족의 즉각적인 보복 살해가 가능했던 것이다. 이에 대한 성경의 기록도 꽤 있다.[7]

제단이 아닌 성읍을 지정하게 된 배경은 지방 성소를 허물고 제의의 중앙 집중화를 꾀하는 요시야 왕의 종교 개혁 때문으로 보인다.[8] 기원전 7세기 남유다 왕이었던 요시야는 외세 세력으로부터 정치적·종교적 순수성을 지키기 위해 대대적인 사회 혁신을 일으켰으며 그 일환으로 지방의 산당을 무너뜨린다. 지방 산당을 통해 이방의 종교와 문화가 쉽게 유입됐기 때문이다. 그런데 이 운동은 지방 산당의 제단을 붙들고 억울한 죽음을 피할 길마저 없애 버리는 결과를 낳았으며, 결국 지방 성소의 제단 대신 '도피성'을 두어 억울한 범죄자를 보호하는 방안이 마련된 것이다.[9] 연루된 사람은 억울하여도 도피성에서 자중케 하였으니 도피성은 동시에 감옥이기도 한 셈이다.[10] 이렇게 해서 목숨에 대한 경의 그리고 피해자 가족에 대한 최소한의 진중함을 표할 수 있었던 것이다.

그런데 언제나 이상과 현실에는 괴리가 있는 법. 위와 같이 억울한 살인자들을 분별하여 인권을 보호하거나 피해자 유족들의 한을 풀고 위로하는 일이 쉬웠을까? 만약 어떤 살인자가 제단에 뛰어들어 와서는 억울하다고 나가지 않겠다고 버티면 어떻게 해야 할까?

성경에는 추상적이고 교훈적인 가르침만 가득할 것 같지만 그렇지 않다. 꽤 구체적이고 표준적인 판단 기준을 제시해 놓기도 하였다. 예를 들어 신명기 19장을 보자. 그 당시에도 이렇게까지나 신경써서 인권과 법적 정의를 고려했다니 뭉클할 정도다. 4-5절이다.

> 살인자가 구별된 성읍으로 도피하여 살 수 있는 경우는 다음과 같습니다. 일찍이 미워한 일이 없는 이웃을 뜻하지 않게 죽였거나, 어떤 사람이 이웃과 함께 나무하러 숲 속으로 들어가서 나무를 찍다가 도끼가 자루에서 빠져나가 친구를 쳐서 그가 죽었을 경우에, 죽인 그 사람이 그 구별된 세 성읍 가운데 한 곳으로 피신하면 살 수가 있습니다.

일찍이 미워한 일이 없었는지는 판별할 방법이 모호하지만, 그다음에는 꽤 구체적인 경우를 제시해 준다. 도끼질을 하다가 도끼가 자루에서 빠져나가 친구를 쳐서 죽인 경우는 고의가 아니기 때문에 도피성으로 도망가 살 권리가 보장되는 것이다.[11] 몇 가지 더 보도록 하자.

> 그러나 아무런 원한도 없이 사람을 밀치거나, 몰래 숨어 있다가 무엇을 던지거나 한 것이 아니고, 잘못 보고 굴린 돌이 사람에게 맞아 그를 죽게 하였으면, 그 가해자가 피해자의 원수가 아니고, 더욱이 그를 해칠 의사가 전혀 없었던 것이므로, 회중은 이러한 규례에 따라서, 그 가해자와 피를 보복할 친족 사이를 판단해야 한다 (민 35: 22-24).

진짜 원한이 있었는지 없었는지 판단하려면 더 조사가 필요하겠지만, 당시 사회에서도 생명과 인권을 다루는 일에 얼마나 신중을 기하였는지 잘 볼 수 있다. 이런 살인 사건 판단에 중요한 기준은 고의성 여부다.

다시 신명기 19장을 보면, 도망가는 사람이 쫓아오는 복수자에게 잡히기 전 되도록 빨리 숨을 수 있도록 도피성을 최대한 골고루 분포하라는 사려 깊은 명령도 있다. 6-7절이다.

> 도피성은 평소에 이웃을 미워한 일이 없는 사람이 실수로 이웃을 죽게 하였을 때에 자기의 생명을 구할 수 있는 곳이므로, 그곳까지의 거리가 너무 멀면 피살자의 친척이 복수심에 불타서 살인자를 따라가서 죽일 터이니, 거리가 너무 멀어서는 안 됩니다. 내가 세 성읍을 따로 떼어 놓으라고 당신들에게 명령한 이유가 바로 여기에 있습니다.

그 아래 11-12절에는 실수가 아닌 용서받지 못할 고의 살인의 예를 제시하여 살해 사건 조사 때 참조하게 한다.

> 그러나 어떤 사람이 그의 이웃을 미워하여서 해치려고 숨었다가, 일어나 이웃을 덮쳐서 그 생명에 치명상을 입혀 죽게 하고, 이 여러 성읍 가운데 한 곳으로 피신하면, 그가 살던 성읍의 장로들이 사람을 보내어, 그를 거기에서 붙잡아다가 복수자의 손에 넘겨주어 죽이게 하여야 합니다.

평소에 미워하였고 숨어 있다가 덮쳐서 공격을 했을 경우, 충분히 고의성이 보이기 때문에 용서해서는 안 된다는 것이다. 민수기는 이런 고의적 살인의 예를 더 제시하고 있다.

> 만일 쇠붙이 같은 것으로 사람을 쳐서 죽게 하였으면, 그는 살인자이다. 그러한 살인자는 반드시 죽여야 한다. 사람을 죽일 만한 돌을 들고 있다가, 그것으로 사람을 쳐서 죽게 하였으면, 그는 살인자이다. 그러한 살인자는 반드시 죽여야 한다. 만일 사람을 죽일 만한 나무 연장을 들고 있다가, 그것으로 사람을 쳐서 죽게 하였으면, 그는 살인자이다. 그러한 살인자는 반드시 죽여야 한다. 이러한 경우에 그 살인자를 죽일 사람은 피해자의 피를 보복할 친족이다. 그는 그 살인자를 만나는 대로 죽일 수 있다. 미워하기 때문에 밀쳐서 죽게 하거나, 몰래 숨어 있다가 무엇을 던져서 죽게 하거나, 원한이 있어서 주먹으로 쳐서 사람을 죽게 하였으면, 그는 살인자이다. 그러한 살인자는 반드시 죽여야 한다. 피를 보복할 친족은, 어디서 그를 만나든지 그를 죽일 수 있다(민 35:16-21).

쇠붙이나, 적절히 큰 돌이나 나무 연장은 상당히 고의적인 살해 도구가 될 수 있다고 판단하였다. 피의 복수가 발생하기 전에 사건의 정황을 잘 조사하여 판단하도록 유도하고 있다. 살인자라 하더라도 함부로 죽임을 당하지 않도록 애쓰고 있다.

지금 보기에는 허술해 보이기도 하지만, 그 옛날에 이런 노력을 하였다는 것이 놀랍기도 하다. 당시 사회의 여러 문헌을 보면 알겠지만, 사람 하나 죽이는 것은 거리낌 없이 자행되기도 했다. 그렇기 때문에 위에서 살펴본 본문들은 이런 살벌한 사회에서도 사람의 생명을 최대한 보호하려는 제도적 노력이 있었다는 사실을 알려 준다. 사람의 생명과 관련된 사안이기 때문에 공정과 신중을 기한 노력이 있었던 것이다.

　법과 제도가 사회 정의를 실현한다 하지만 기득권자들의 편의에 의해 왜곡될 수 있다는 의심은 벗지 못한다. 더군다나 법을 제정하고 집행하는 이들은 대부분 사회의 기득권자들이다. 그럼에도 위와 같은 본문에서 충분히 감지할 수 있는 것 하나는, 억울하고 약한 자들의 아우성과 투쟁이다. 약하지만 다수를 차지했던 일반 사람들의 목소리가 전달되도록 간구하였던 제도적 노력의 흔적을 볼 수 있는 것이다. 더 나아가, 구약성서에는 유대교와 기독교의 절대 신인 여호와 하나님의 계시이며 '말씀'이라는 초월적 권위가 부여되어 있다. 절대자인 하나님도 그들 편에 서 있다는, 억울하고 약한 자들의 권익이 절대 훼손되어서는 안 된다는 신의 명령이 든든하게 버티고 있다는 것이다. 성서는 하나님이 사회적 약자의 일차적 보호자임을 천명하고 있다.[12]

> 뭇 민족들을 주님 앞으로 모으시고, 주님께서는 그 높은 법정으로 돌아오십시오. 주님께서는 뭇 백성들을 판단하시는 분이시니, 내 의와 내 성실함을 따라 나를 변호해 주십시오. 악한 자의 악행을 뿌리 뽑아 주시고 의인은 굳게 세워 주십시오. 주님은 의로우신 하나님, 사람의 마음 속 생각을 낱낱이 살피시는 분이십니다. 하나님은 나를 지키시는 방패시요, 마음이 올바른 사람에게 승리를 안겨 주시는 분이시다. 하나님은 공정한 재판장이시요, 언제라도 악인을 벌하는 분이시다(시 7:7-11).

　살짝 들여다본 구약 사회가 어떠한가? 그 원시성에 놀라기도 하겠지만, 그 가운데에서도 힘 다해 싸우는 생명 존중, 정의의 정신에 더 놀라시리라 생각된다. 아들 때문에 열 받은 아버지 그리고 가족을 죽인 살해자를 쫓는 보복자의 끓는 피를 기술적으로 식혀서 자칫 발생할 수 있는 과도한 사고를 방지하는 것이 눈에 띈다. 고대의 이야기이지만 우리들에게도 귀감이 된다. 무슨 일이든 충동적으로 접근하면 건강한 결과에 도달하지 못할 수 있다. 지금의 신앙 공동체가 꼭 배워야 할 지혜이기도 하다.

미제 살인 사건

그런데 도피성으로 살해자가 도망 오지도 않고, 피의 복수를 하겠다고 난리를 치는 사람도 없는, 알 수 없는 살인 사건이 발생했다면 어찌해야 할까? 누군가가 마을에 달려 들어와서는 들판에 시체가 널브러져 있다고 소리 친다면 누가 사건 현장에 가서 조사를 하는 수사반장이 되어야 할까? 구약성서에 군인은 자주 등장해도, 경찰이나 형사는 등장한 적이 없는 것 같다. 냉동 보관소가 없기 때문에 현장 조사도 빨리 마쳐야만 한다. 부검하고 조사를 진행하는 동안 시신이 부패해 버릴 수도 있기 때문에 신속한 현장 처리가 요구된다. 이런 미제 살인사건을 어떻게 처리해야 하는지 성경은 흥미로운 이야기를 전해 준다.

주 당신들의 하나님이 당신들에게 주셔서 차지하게 하시는 땅에서, 누구에게 살해 되었는지 알 수 없는 사람의 주검이 들에서 발견될 때에는, 장로들과 재판관들이 현장에 나가서, 그 주검 주위에 있는 성읍들에 이르는 거리를 재십시오. 그 주검에서 가장 가까운 성읍이 있을 터이니, 그 성읍의 장로들은 아직 멍에를 메고 일한 적이 없는 암송아지 한 마리를 끌고 와서, 물이 늘 흐르는 골짜기, 갈지도 심지도 않은 골짜기로 그 암송아지를 끌고 내려가, 물가에서 암송아지의 목을 꺾어서 죽이십시오. 그때에 레위 자손 제사장들도 그 곳으로 나와야 합니다. 그들은 주 당신들의 하나님이 선택하셔서, 주님을 섬기며 주님의 이름으로 축복하는 직책을 맡은 사람으로서, 모든 소송과 분쟁을 판결할 것입니다(신 21:1-5).

사람의 주검이 발견되었으나 아무도 그 사건을 목격한 자가 없다. 그런데 그냥 자연사가 아니라 살해의 흔적이 분명히 보인다.[13] 주검은 벌써 부패해 가고, 노란 테이프나 경찰도 없어 사건 현장 보존도 용이하지가 않다. 이때 제일 먼저 현장에 출동되는 책임자는 '장로'와 '재판관'이다. 아마도 현장을 발견한 사람이 사는 성읍에서 출동하였을 것이다.[14]

죽은 자의 친족이라며 복수를 하겠다고 씩씩거리는 이도 없는데, 그냥 시신만 잘 처리하여 묻어 버리고 쉽게 종결지으면 되는 거 아닐까? 그렇지 않았다. 귀한 암송아지 한 마리를 끌고 나와 죽음에 상응하는 피를 흘려야만 했다. 아무도 이 죽음에 대하여 소리 지르지 않는다 하여도, 그렇게 죽은 자의 주검마저 침묵하는 것은 아니라고 여겼기 때문이다. 오히려 땅에 쏟아진 피가 하늘을 향해 '울부짖는다'고 보았다. 인류 역사상 최초의 살인 사건으로 성경이 보고하는 이야기를 들어 보자. 먼 옛날, 가인이라는 자가 자기 형제 아벨을 들로 끌고 가서 죽인 일이 있었는데 성경은 이렇게 말하고 있다.

> 가인이 아우 아벨에게 말하였다. "우리, 들로 나가자." 그들이 들에 있을 때에, 가인이 그의 아우 아벨을 쳐 죽였다. 주님께서 가인에게 물으셨다. "너의 아우 아벨이 어디에 있느냐?" 그가 대답하였다. "모릅니다. 제가 아우를 지키는 사람입니까?" 주님께서 말씀하셨다. "네가 무슨 일을 저질렀느냐? 너의 아우의 피가 땅에서 나에게 울부짖는다"(창 4:8-10).

살해자가 흘린 피는 원한이 크다. 아무도 모르는 완전범죄라 하더라도 그 원한을 무시하지 않는 것이 신앙이며 사회 윤리였다. 위의 한 구절이 표현하는 것처럼 피가 땅에서 하늘을 향해 울부짖기 때문에, 그 울음에 응대하여 '해결'해 주어야만 했다.[15] 그 원한을 풀어주고자 하는 종교적·사회적 행위가 바로 '희생'이다. 살해자 대신 희생 동물의 목이라도 꺾어야 했다. 원한을 풀지 못한 피는 그 땅에 저주를 가져다준다고 여긴 세계관 때문이기도 하고, 살인 사건을 통해 흉흉해진 공동체를 진정시킬 사회적 필요 때문이기도 하다. 어쩌면 이 둘은 하나이기도 할 것이다.

다윗에 앞서 이스라엘의 초대 왕이 되었던 사울은 기브온 사람들을 많이 죽였다. 그 억울한 피가 스며들어서인지 이후 다윗 왕 때 3년이나 기근을 겪어야만 했다. 그 피가 하늘을 향해 울부짖었을 것이다. 결국 사울의 자녀들이 기브온 사람들에게 넘겨졌고 나무에 매달려 죽임을 당하였다. 그리고 흘린 피의 원한이 풀어지자 땅에는 다시

비가 내리기 시작하였다(삼하 21:1-14).

이 기록들이 반영하는 고대 공동체의 종교적·사회적 윤리는 자명하다. 공동체 일원의 억울한 고통은 공동체 전체의 문제이고 책임인 것이다. 짐승을 통해 대리 희생을 치른다 하더라도 반드시 공동체가 응대하고 해결해 주어야만 하는 것이다. 신명기의 또 다른 본문도 억울한 일을 당하는 것은 '공동체' 전체의 문제이고 책임임을 말하고 있다.

> …죄 없는 사람이 살인죄를 지고 죽는 일이 없도록 하여야 합니다. 그러면 살인죄 때문에 당신들이 책임을 지는 일은 없을 것입니다. … 이스라엘 안에서, 죄 없는 사람이 죽임을 당하는 일이 없어야만, 당신들이 복을 받을 것입니다(신 19:10, 13).

> '주님, 주님께서 속량하여 주신 주님의 백성 이스라엘의 죄를 사하여 주시고, 주님의 백성 이스라엘 사람에게 무죄한 사람을 죽인 살인죄를 지우지 말아 주십시오.' 이렇게 하면, 그들은 살인의 책임을 벗게 됩니다(신 21:8).

억울하게 남은 폭력은 공동체 안에 또 다른 폭력적 긴장을 만든다. 범인을 찾아내도 폭력의 에너지, 즉 저주는 늘 꿈틀거린다. 역사를 살펴보면, 이렇게 공동체 안에 증가하는 폭력적 긴장은 희생제의나 사법제도를 통하여 해소되어 왔다.[16] 지금 다루고 있는 살인 사건을 신명기 21장이 해결하는 방식은 제의적 희생과 사법적 해결 두 가지 모두를 꾀하는 것이었다.

이때에 피살자의 주검이 발견된 곳에서 가장 가까운 성읍의 장로들은 물가에서, 목이 꺾인 암송아지 위에 냇물로 손을 씻고, 아래와 같이 증언하십시오. '우리는 이 사람을 죽이지 않았고, 이 사람이 살해되는 현장을 목격하지도 못하였습니다. 주님, 주님께서 속량하여 주신 주님의 백성 이스라엘의 죄를 사하여 주시고, 주님의 백성 이스라엘 사람에게 무죄한 사람을 죽인 살인죄를 지우지 말아 주십시오.' 이렇게 하면, 그들은 살인의 책임을 벗게 됩니다. 이렇게 해서 당신들은 당신들에게 지워진 살인의 책임을 벗으십시오. 이렇게 하는 것은 주님께서 보시기에 옳은 일입니다(신 21:6-9).

현대도 그러한 것처럼, 고대 이스라엘 사회에서도 누군가가 죽임을 당하는 일은 신중하고 무거운 공동체의 문제, '우리'의 문제였다. 가해진 일이 억울하고 정의롭지 못한 것이라면 이는 그 일원이 속한 공동체 전체의 문제가 되어야 한다. 억울한 죽음은 극도의 복수를 불러일으키는 사회적 문제를 양산하며, 적절하고 올바르게 해결되지 못할 경우 또 다른 복수 비극을 불러올 것이 뻔하다. 결국 이런 폭력적 긴장과 복수의 순환은 공동체를 와해시켜 버릴 수 있을 만큼 흉흉한 일이다. 사람이든 동물이든, 그 흉흉한 긴장의 에너지를 대신 얻어맞을 '희생물'이 있어야만 한다.

사사기 말미에 보면 공동체 안에 발생한 폭력적 긴장이 어떻게 한 사회를 붕괴시키는지 그려져 있다(삿 17-21장). 한 레위인이 그의 첩과 함께 어느 마을에 머문다. 그 첩은 밤새 마을 사람들에게 윤간을 당하고 죽게 된다. 이에 모멸감을 느낀 레위인은 이스라엘 안에 이 사실을 알려 그 마을에 보복을 가한다. 그러나 폭력의 순환은 멈출 줄 모른다. 거듭된 보복 끝에 결국 한 족속은 자손을 이어 나갈 여인들이 없어 멸절의 위기에 다다른다. 이 족속이 여자를 구하기 위해서는 불가피하게 또다시 폭력을 동원하여 여자를 구하여야만 할 것이다. 이때 폭력의 악순환을 막기 위해 이스라엘 공동체가 결정한 것은, 한 마을의 어린 소녀들을 납치하여 그들에게 내어주는 것이었다. 폭력의 고리를 끊은 것은 어린 소녀들의 '희생' 덕분이었다.[17]

원시 사회가 공동체의 폭력적 긴장을 완화하기 위해 행했던 희생자 혹은 희생물 죽이기가 정규적인 모방 행위로 제의화된 것이 종교의 출발이라고 보는 학자들도 있다. 공동체 일원에게 가해진 불의는 공동체 전체의 위기를 초래할 수 있으며 이때 사회가 마치 생명이 있는 유기체처럼 생존 본능을 발휘하여 종교적 행위로 드러난다는 것이다. 이는 이 땅의 한 생명을 구원하기 위해 자기 몸을 희생하였다는 기독교의 가르침을 곱씹게 한다.

사회적 폭력과 긴장을 효과적으로 해소하는 희생이 있지만, 이 희생의 기제를 불의하게 응용하여 긴장만 완화시키려는 정치적 수완은 저급한 행위이다. 우리 사회에서 종종 벌어지는 일이다. 이기적인 지도층들을 향한 의분이 사회 곳곳에서 끓어오르면, 그 분노의 화살을 다른 곳으로 돌려 버린 후 자기들은 그 폭력을 모면하는 것이다. 희생의 기제를 절묘하게 이용하면 또 다른 억울한 희생의 분노를 야기시킬 것이 뻔하다. 당장은 보이지 않지만 그 불씨는 어딘가에 남아 있다가 다시 타오를 시기만 기다리고 있기 때문이다. 끊임없이 순환되는 서구와 중동의 충돌, 유대-기독교와 이슬람간의 분쟁도 저급한 희생 기제의 응용으로부터 기인하였다 해도 지나치지 않다.

천박한 정치적 응용이 아닌 고귀한 희생의 정신은 종교가 안고 가는 것이 옳다. 기독교는 근본적으로 이 희생의 기제에 몸담고 있는 희생의 종교이다. 사회에 긴장이 팽배하여 누군가의 희생이 필요하다면 그 희생은 누가 담당하여야 하는가? 기독교 신학으로 보자면 그리스도인들의 몫이다. 공동체를 위해 누군가가 희생해야 한다면 그리스도인들이 나서야 한다. 공동체의 안녕을 위해 대신 얻어맞을 일이 필요하다면 교회가 나서서 희생해야 하는 것이다. 이와 같은 일을 당할 때 이상하게 여길 필요가 없다. 예수 그리스도가 우리를 구원하시기 위해 몸소 보이신 행위가 바로 그 일이다. 희생 말이다. 그런데 교회는 지기를 싫어한다. 이웃을 향해 조금의 손해도 보지 않으려 발버둥 친다. 얻어맞고 지고 희생하라고 만들어진 것이 바로 그리스도 예수의 몸, 교회인데 말이다. 먼저 십자가에 못 박혀 죽어야만 부활의 영광이 뒤따른다. 그 반대가 아니다.

다시 처음으로 돌아가 보자. 그 옛날에도 성읍 밖 들판에 널브러진 주검 하나를 가볍게 여기지 않았다. 기차역 찬 바닥에 누웠다가 아침녘 몸을 일으키지 못한 어느 노숙인의 조용한 죽음, 사회에 아무 목소리도 내지 못하고 뉴스에 뜨지도 못할 시시한 죽음처럼 보이지만, 성서는 이를 절대 간과하지 말라고 지시한다. 그래서 고대 이스라엘에서는 그 죽음의 현장으로부터 제일 가까운 성읍이 도의적 책임을 지고 동물의 목을 꺾어 그 처절한 울음소리라도 대신 들리게 하였다. 죽음을 간과하지 않았다는 공동체의 '신의'를 조용한 생명에게 머리 숙여 표한 것이다. 공동체의 이런 행위는 그 안에 사는 사람들로 하여금 놀라울 만한 사회적·윤리적 결속을 만들어 낼 것이다. 쉽게 말하여 내 이웃이 나를 믿고 살맛 나게 해주는 것이다.

동물의 목을 대신 꺾는 '희생'의 기제는 위에서 살펴본 대로 심오한 가르침을 전달한다. 사실 이 땅의 문제는 누군가가 기꺼이 희생한다면 해결될 수 있는 것이 많다. 아니, 어쩌면 희생만이 답일지도 모른다. 하지만 인간은 본능적으로 손해 보기를 싫어한다. 때문에 문제는 늘 문제로 남아 있고 그로 인한 분쟁과 출혈은 멈출 줄 모른다. 그리스도인들은 이 땅에 기쁨으로 희생하라고 보냄을 받은 이들이다.

교회를 치리하는 임직자나 장로, 사역자들의 문제 해결 방식은 어떤 위치에서 시작하여야 할지 자명하다. 더 책임감 있는 위치의 치리자들부터 얻어맞을 각오를 하고 희생하면 된다. 나라를 치리하는 정치인, 공직자들도 마찬가지임은 말하지 않아도 아시리라.

2장
공동체도 생명이다

왕의 갑질을 막아라

공동체는 생명체와 같다. 상처가 생겼다면 그 부위를 잘라 버린다고 될 일이 아니다. 손가락 끝에 가시가 박혀도 온몸이 저리듯, 공동체 한 일원의 고통은 알게 모르게 전체에 아우성을 친다. 이를 감지하는 공동체는 거의 본능적으로 그 고통과 갈등을 완화하려 하는데 이때 창출된 기제가 사법체제라 할 수도 있을 것이다. 고대 이스라엘과 서아시아에서 그 흔적을 더 찾아보자. 일원과 전체가 하나가 되려는 몸부림은 여러 제도적 기구를 발달시켰다. 그 한 예를 왕에 대한 문제에서 찾을 수 있다.

앞에서 우리는 민수기와 신명기 내용을 주로 살펴 보았다. 이 책들의 시대적 배경은 사실 이스라엘 민족이 안정적으로 정착하여 '사회' 생활을 하던 때가 아니다. 이집트를 탈출한 히브리 노예들이 가나안 땅에 들어가 정착하기 전, 아직까지는 사막을 헤매던 때였다.[1] 민수기와 신명기는 가나안 땅에 들어가기 전 하나님이 이스라엘 백성에게 건네준 사회생활 매뉴얼로 여겨질 수 있다.

이스라엘 민족은 가나안 땅에 정착하여 기원전 11세기 말에는 왕국도 세웠지만, 기원전 587년경 이방 세계의 침입으로 멸망하고 만다. 유력자들은 바벨론 제국으로 끌려가 유배 생활을 하게 되었고 이런 국가적 재앙은 당시 역사가들로 하여금 그들의 과거를 반성하게 만들었다. 여호와 하나님만을 충실하게 섬기지 못했던 신앙적 반성도 하였지만, 기득권자들이 그들의 유익만을 위해 공동체 의식을 버리고 전횡을 일삼은 것도 신랄하게 비판한 것이다. 이러한 반성의 목소리를 반영하여 기록한 책이 바로 신명기와 민수기다. 이 책들은 적혀 있는 시대적 배경보다 훨씬 더 시간이 흐른 후, 그 시기를 회고하고 반성하면서 형성된 기록이다.[2]

그들의 사회·정치 비판은 신앙의 조명 아래 이루어졌다. 공동체 전반의 복리를 돌보지 않은 왕궁의 과오는 신의 뜻을 거역하는 것으로 이해되었다. 구약성서가 고대 서아시아의 다른 종교 문헌과 두드러지게 다른 것이 있다면 공동체성을 강조하는 윤리의식이다. 특히 예언서를 보면 그러하다. 주로 왕궁의 사정과 정치에 집중하는 고대 서아시아의 예언과는 다르다.

역사가는 민수기나 신명기 등에서 그 아쉬움을 토로하고 있다. 그래서 유배 생활을 마치고 가나안 땅에 돌아가면 꼭 이런 사회를 만들어야겠다는 비전을 비췄다. 다시 세워질 나라에서는 과거에 저지른 사회적·종교적 과오를 반복하지 말자는 경고이기도 하다. 도피성 제도 역시 사회적 반성 중 하나다. 수없이 많은 하나님과의 언약 가운데 특별히 도피성 문제를 이 역사 기록 가운데 두는 것은, 그들이 가나안 땅에서 살며 소홀하였던 인권과 생명 존중의 문제를 반성하며 새로운 사회 개혁을 도모하자는 것이다. 억울한 사람을 공동체가 돌아보자는 것이다.

이렇게 공동체 윤리가 강조되는 중에 특별히 눈에 띄는 것이 하나 있다. 바로 '왕의 법'이다. 왕을 좀 깐깐하게 견제하자는 취지가 담겨 있다.

주 당신들의 하나님이 주시는 그 땅에 들어가서 그 땅을 차지하고 살 때에, 주위의 다른 모든 민족같이 당신들도 왕을 세우고 싶다는 생각이 들거든, 당신들은 반드시 주 당신들의 하나님이 택하신 사람을 당신들 위에 왕으로 세워야 합니다. 당신들은 겨레 가운데서 한 사람을 왕으로 세우고, 같은 겨레가 아닌 외국 사람을 당신들의 왕으로 세워서는 안 됩니다. 왕이라 해도 군마를 많이 가지려고 해서는 안 되며, 군마를 많이 얻으려고 그 백성을 이집트로 보내서도 안 됩니다. 이는 주님께서 다시는 당신들이 그 길로 되돌아가지 못한다고 말씀하셨기 때문입니다. 왕은 또 많은 아내를 둠으로써 그의 마음이 다른 데로 쏠리게 하는 일이 없어야 하며, 자기 것으로 은과 금을 너무 많이 모아서도 안 됩니다. 왕위에 오른 사람은 레위 사람 제사장 앞에 보관되어 있는 이 율법책을 두루마리에 옮겨 적어, 평생 자기 옆에 두고 읽으면서, 자기를 택하신 주 하나님 경외하기를 배우며, 이 율법의 모든 말씀과 규례를 성심껏 어김없이 지켜야 합니다. 마음이 교만해져서 자기 겨레를 업신여기는 일도 없고, 그 계명을 떠나서 좌로나 우로나 치우치지도 않으면, 그와 그의 자손이 오래도록 이스라엘의 왕위에 앉게 될 것입니다(신 17:14-20).

이들의 반성은 왕에 대한 법률적 견제까지 만들어 내었다. 왕은 군사력을 확장시키기 위해 용병이나 노예처럼 이집트로 백성을 보내고 '군마'를 얻었다. 권력이 있으니 자신의 쾌락을 채우는 것도 쉬웠다. 많은 '아내'를 두고 '금'과 '은'에 정신을 쏟으니 마음이 서민들의 애환에 갈 리가 만무했다. 심지어 교만하여 '자기 겨레를 업신여기는' 일도 있었으니 강대국 앞에서는 쉽게 반민족적, 반여호와적 행위도 하였을 것이다.

이스라엘이 처음 가나안 땅에 들어가서 살 때는 주변 민족들과 달리 왕이 없었다. 열두 지파가 유기적으로 모였다 뭉쳤다 하면서 위기를 극복하는 등 꽤 자율적이고도 민주적으로 살고 있었다. 그 시기가 성경의 '사사기'에 해당된다. 이 정치적 이상 속에는, 그들의 신 여호와만이 왕이시지 어느 인간도 여호와를 대신하여 왕이 될 수 없다는 신앙 정신이 깃들어 있었다. 하지만 이스라엘은 이 정신을 망각하고 인간을 왕으로 세워 이웃 국가들처럼 되고 싶었다. 결국 이스라엘은 왕을 세우고 왕정을 시작하지만 이는 하나님을 버리는 행위였다고 성경은 말한다.

> 그러나 오늘날 너희는, 너희를 모든 환난과 고난 속에서 건져 낸 너희 하나님을 버리고, 너희에게 왕을 세워 달라고 나에게 요구하였다(삼상 10:19).

왕의 법은 왕이 공동체를 해하지 못하도록 막는 법이다. 왕의 존재는 어쩔 수 없이 인정하지만 왕에게 무엇을 '하라'는 긍정적 조언 보다는 '하지 말라'는 부정적 금언으로 구성되어 있다.[3] 분명 과거 왕 정에 대한 뼈아픈 통한이 서린 것이다. 왕국기 중에도 왕정체제에 대한 비판과 저항은 죽지 않았으며 그 흔적이 성경에 잘 드러나 있다.[4] 그 한 예를 예레미야를 통해 들어 보자. 유다 왕 요시야의 아들 살룸을 향한 쓴소리다.

> 불의로 궁전을 짓고, 불법으로 누각을 쌓으며, 동족을 고용하고도, 품삯을 주지 않는 너에게 화가 미칠 것이다. '내가 살 집을 넓게 지어야지. 누각도 크게 만들어야지' 하면서, 집에 창문을 만들어 달고, 백향목 판자로 그 집을 단장하고, 붉은 색을 칠한다. 네가 남보다 백향목을 더 많이 써서, 집 짓기를 경쟁한다고 해서, 네가 더 좋은 왕이 될 수 있겠느냐? 네 아버지가 먹고 마시지 않았느냐? 법과 정의를 실천하지 않았느냐? 그때에 그가 형통하였다. 그는 가난한 사람과 억압받는 사람의 사정을 헤아려서 처리해 주면서, 잘 살지 않았느냐? 바로 이것이 나를 아는 것이 아니겠느냐? 나 주의 말이다. 그런데 너의 눈과 마음은 불의한 이익을 탐하는 것과 무죄한 사람의 피를 흘리게 하는 것과 백성을 억압하고 착취하는 것에만 쏠려 있다 (렘 22:13-17).

왕은 충분히 잘 먹고, 좋은 곳에서 살 권리가 있다. 하지만 서민들의 사정은 무시하고 나아가 착취까지 하니 문제이다. 소위 '같이 잘살자'는 공동체 정신이 보이질 않는다. 그래서 예레미야는 살룸에게 그의 아버지 요시야의 예를 들어 준다. 아버지는 왕답게 잘 먹고 잘살았지만 그것이 흠이 아닌 것은 "가난한 사람과 억압받는 사람의 사정을 헤아려서 처리해 주면서" 잘살았기 때문이라는 것이다. 반대로 살룸은, 왕이 권력을 가지고 어떻게 서민들을 유린하는지 최악의 예만 보여 주었다.

이스라엘이 인간을 왕으로 삼고 하나님을 버린 것은 공동체를 버린 격이었다. 역사 속에서 그들의 왕국기는 오래 가지 못했다. 기원전 약 931년부터 587년경까지였다. 왕국기 중 주목할 만한 사건이 기원전 7세기 중반, 바로 남유다의 요시야 왕 때 벌어졌다. 예레미야가 칭송한 바로 그 왕이다. 이른바 '신명기적 개혁'이라 불리는 이 사건은 당시 종교적·정치적·사회적 상황을 총체적으로 반성하며 일어난 운동이다. 이 개혁은 성서 형성과 그 정신에 지대한 영향을 미쳤다. 위에 언급한 '왕의 법'이 바로 이 신명기적 개혁 시기에 발생한 사상으로 여겨진다.[5] 더불어 나라가 망한 후 겪게 된 포로기의 좌절과 반성, 포로기 이후 이스라엘 재건 시기에 겪은 혼돈과 갈등도 성서 형성에 큰 영향을 주었다.

우리 사회에 회자되었던 말 중 하나가 '갑질'이다. 계약 관계에 있어 주도권을 쥐고 있는 갑이 을을 부당하게 부리는 전횡을 일컫는다. 만민이 평등하고 조화롭게 사는 것이 이상적인 공동체인데, 그 의식과 윤리를 짓밟는 것이다. 근간 한국 사회에서 갑질에 대한 질타는 매서웠다. 특히 누구든지 공정하게 참여하는 사이버 공간 속에서 갑질은 적나라하게 공개되고 비판을 받았다.

인터넷도 없던 시절, 신명기적 개혁은 갑질을 하는 왕까지도 신앙의 이름으로 족쇄를 채우고 싶어 했다. 물론, 이 왕의 법도 그만한 효력을 맛보지는 못하였던 것 같아 아쉽기는 하다. 권력과 부에 맞

들린 자들의 자기관리는 꽤 철저하고 치밀하다. 있다가 없는 것만큼 고통스러운 게 없기 때문이다.

그래도 반성이요, 비전 제시다. 왕들의 전횡을 막지 못하였다는 반성, 그리고 앞으로 왕을 세우더라도 평생 그 앞에서 율법책을 읽히며 허튼 생각을 못하게 하자는 제시다. 이렇게 왕의 통치를 법의 통제하에 두기 위한 법적 시도는 고대 동양에서 알려진 바가 없다고 한다.[6]

이렇게 '왕의 법'을 제정할 정도면 이스라엘을 공동체로 의식하고 그 공동체 일원들의 '민주적' 삶을 위해 애쓴 역사적 흔적을 좀더 찾아볼 수 있지 않을까? 사회의 특정 계층이 아닌 대다수를 위하여 주권과 의사결정을 열어 놓는 노력 말이다. 구약성서의 많은 내용이 그 역사적 증거가 될 것이고 이어서 더 살펴보아야겠다.[7]

앞에서 우리는 신앙 공동체 안의 문제 해결을 위한 교회 임직자들의 태도와 공동체 윤리를 말해 보았다. 갑질은 힘 있는 기득권자가 해대는 것이다. 그런데 일반 사회의 갑질과는 정반대 현상이 교회에서 발생하여야 한다고 성경은 암시한다. 누가 기득권자가 되어야 하는지 뒤집힌 이야기를 하고 있다.

> 제자들 사이에서는, 자기들 가운데서 누가 가장 큰 사람이냐 하는 문제로 다툼이 일어났다. 예수께서 그들 마음속의 생각을 아시고, 어린이 하나를 데려다가, 곁에 세우시고, 그들에게 말씀하셨다. "누구든지 내 이름으로 이 어린이를 영접하면 나를 영접하는 것이요, 누구든지 나를 영접하면 나를 보내신 분을 영접하는 것이다. 너희 가운데에서 가장 작은 사람이 큰 사람이다"(눅 9:46-48).

그러나 이런 말씀을 듣고 쉽게 변할 수 있다면 다음과 같은 말씀이 또 성경에 기록될 필요가 없었을 것이다.

> 그러나 너희끼리는 그렇게 해서는 안 된다. 너희 가운데서 누구든지 위대하게 되고자 하는 사람은 너희를 섬기는 사람이 되어야 하고, 너희 가운데서 누구든지 으뜸이 되고자 하는 사람은 모든 사람의 종이 되어야 한다. 인자는 섬김을 받으러 온 것이 아니라 섬기러 왔으며, 많은 사람을 구원하기 위하여 치를 몸값으로 자기 목숨을 내주러 왔다(막 10:43-45).

신앙 공동체에서 사역자나 임직자, 장로들은 으뜸이 되고자 그 자리에 있는 것이 아니라 종이 되기 위하여 있는 것이다. 교회 안에서 갑질은 성도들의 기도와 눈물이 되어야 하며, 그 갑질의 '귀한' 피해자는 장로와 목회자가 되어야 한다. 교회 안 치리자의 갑질은 교회가 예수의 몸이 됨을 부정하는 것이다. 나라도 마찬가지다! 위정자는 국민의 갑질에 당하여야만 한다.

자, 지금까지 우리의 이야기는 같이 살고 있기 때문에 있을 수밖에 없는 일들을 이야기해 본 것이다. 같이 잘 살기 위한 우리의 노력은 역사 속에서 꽤 처절했다. 그 증언을 더 찾아가 보자.

억울한 죽음이 없어야

"유출된 문건에 의하면 미국 도선(Dothan) 경찰국은 수년간 흑인 청년들 소지품에 몰래 마약을 숨겨 넣었다."

기사 제목만으로도 뒷골이 움찔거린다.[8] 경찰 내부에 있는 인종차별주의자 조직원 열댓 명이 지속적이고도 조직적으로 끔찍한 일을 저질렀다. 흑인들은 지능이 낮고 아프리카로 돌아가야 된다고 주장하는 이들이 경찰 내부에 있었던 데다가 그들의 위험한 신념이 경찰력을 통해 실제 실행되고 있었다는 것이 충격적이다. 백인 경찰들이 흑인들을 저격하는 사건이 심심치 않게 들려오던 근간에 등골을 오싹하게 만든 기사였다.

억울하게 잡혀간 흑인들이 있다는 것도 문제이지만 같은 동료 백인 경찰들이 이 사실을 수년간 상부에 제보하고 항의했음에도 불구하고 부당한 짓을 저지른 경찰들이 조직적으로 보호받았고 아무도 처벌받지 않았다는 것이 더 큰 문제다. 그중 한 사람인 마이클 마그리노는 훔친 무기와 등록되지 않은 마약류를 자기 차에 넣고 다니면서 그런 행각을 벌였고 내부 조직이 그를 보호했다. 이들의 범죄를 보호해 주던 이들이 오히려 승진하고 많은 부마저 거머쥐었기에 내부 고발자들은 큰 실의에 빠져 있다고 한다.

특정 국가의 예이지만 어디엔들 이런 일이 없겠는가. 법이 정의롭던가? 아닌 것 같다. 어느 사회든지 기득권층은 책임감과 의무감이 요구되어 마땅하다. 하지만 있는 자가 정의롭기는 꽤 어려운가 보다. 오죽하면 부자가 천국 가기 어렵다고 예수님이 말씀하였겠는가. 부가 있고 힘이 있는 자들이 사회를 위해 희생하겠다는 배포가 없다면 이 사회는 정의롭고 평화롭기가 어렵다. 인종적 소수자를 사회의 일원으로서 돌보아야 그 공동체는 공동체답다 할 수 있을 것이다.

미국에서는 이 사건에 연루된 사람들이 다음과 같은 단어들을 침 튀기며 내뱉고 있을 것이다. '재판', '규례', '판단', '소송', '분쟁' 등등. 그런데 고대 이스라엘 사회의 열띤 토론도 지금 우리의 것과 다를 바가 없다는 게 신기하다. 도피성 관련 본문을 다시 보자.

> 그 살인자는 그 성읍에 머물러 살다가, 회중 앞에 서서 재판을 받은 다음, 그 당시의 대제사장이 죽은 뒤에야 자기의 성읍 곧 자기가 도망 나왔던 성읍에 있는 자기의 집으로 돌아갈 수 있다(수 20:6).

'재판'이 있고, 그 재판을 '회중' 앞에서 행하였다고 한다. 회중은 '규례'를 따라 '판단'도 하였다.

> 회중은 이러한 규례에 따라서, 그 가해자와 피를 보복할 친족 사이를 판단해야 한다(민 35:24).

'소송', '분쟁', '판결'이라는 용어도 등장한다.

> 그때에 레위 자손 제사장들도 그곳으로 나와야 합니다. 그들은 주 당신들의 하나님이 선택하셔서, 주님을 섬기며 주님의 이름으로 축복하는 직책을 맡은 사람으로서, 모든 소송과 분쟁을 판결할 것입니다(신 21:5).

지역 공동체의 여러 분쟁들을 '장로'들이 판단하여 해결해 주었다는 흔적을 여러 곳에서 볼 수 있다.

> 그 부모는 그 아들을 붙잡아, 그 성읍의 장로들이 있는 성문 위의 회관으로 데리고 가서(신 21:19).

뭔가 더 전문적일 것 같은 '재판관'도 있다.

> 장로들과 재판관들이 현장에 나가서, 그 주검 주위에 있는 성읍들에 이르는 거리를 재십시오(신 21:2).[9]

우리가 생각해 보았던 의식, 즉 공동체의 미약한 일원의 인권을 보호하려는 문명 의식이 고대 이스라엘에 있었다. 그들이 겪은 전제 정권의 횡포 때문에 이를 방지하려는 공동체적 저항과 반성도 우리는 보았다. 2천 년이 넘는 시간의 간극에도 불구하고 고대 이스라엘 사람과 우리는 행복하게 더불어 살자는 의식에 있어서는 하나다. 여기에 등장하는 법률 용어들은 정말 맛없는 단어들이긴 하지만 무려 2, 3천 년의 간극에도 우리들 곁에 늘 못 박혀 있다. 왜 그럴까? 누군가의 절박함 때문이다.

　살다가 곤경에 처하여 절박해 본 적이 있는가? 그것도 억울하게 말이다. 그런 상황이 닥치면 어김없다. 법, 규례, 재판, 정의 등과 같은 재미없는 단어들이 원치 않아도 눈과 귀, 마음에 아프게 달라붙는다. 살펴보았듯이 누군가의 절박함은 곧 공동체의 것이다. 고대뿐만 아니라 지금도 그럴 것이다. 때문에 이렇게 절박한 문제를 공동체가 구체적으로 어떻게 해결하였는지 궁금하지 않을 수 없다. 지금의 것이야 주변 사람들이나 미디어를 통해 접할 수 있다. 하지만 고대 사회에서는 그 중요한 문제를 어떻게 판단하고 결정하였을까? 그 자료를 유대교와 기독교가 신의 말씀으로 여기는 구약성서에서 발견할 수 있다니 흥미롭지 않은가.

　무언가를 '판단'하고 '결정'하는 의사결정 기제는 역사 속에서 자연스럽게 발현하고 발전하였을 것이다. 전제 권력이 독단적으로 판단하고 결정하는 것이 아니었다면, 그리고 그런 전횡이 있었다 해도 공동체는 늘 저항해 왔기에 공명정대한 '의사 결정' 기제는 고대 역사 자료에도 흔적이 있으리라 본다. 위에서 회중은 공동체의 누구를 의미하며, 그 구성원의 신분과 규모는 어떠했을까? 마찬가지 질문을 장로와 재판관에게도 할 수 있다. 소송도 있다는데 누구에게 가서 소송 신청을 했을까? 판결을 내리는 과정은 어땠을까? 그때에도 다수결 원칙을 적용했을까?

앞에서 다룬 내용들을 통해 우리는 고대 이스라엘의 가부장 사회를 어느 정도 그려 볼 수 있다. 그리고 '인권' 보호에 대한 의식, 이 의식을 공동체적 합의를 통해 현실화하기 위한 이른바 '민주적' 절차가 있었다는 흔적을 발견할 수 있다. 비록 고대의 자료이지만 역사적 재구성을 해볼 수 있지 않을까? 위의 본문에서 말하는 '장로'들은 어떤 지위와 성격을 지녔기에 그런 법적 권한을 가질 수 있으며, 그 장로들에게 사건의 자초지종을 설명하는 과정은 어떠했을까? 이때 장로들이 구성하는 소위 '의회'(議會, council)는 법적 판결을 내릴 경우 어떠한 절차와 방법으로 의견을 일치시켰을까? 의회가 모여 의논하고 판결하는 '성문 위의 회관'은 어떤 곳을 말하는 것일까? 그리고 그 의회의 절차는 현대 사회에서 기대하는 '민주적' 가치에 얼마나 가까울까?

더 구체적인 내용을 들여다보기 전에 한 가지 짚을 것이 있다. 여기에서 사용되는 '민주주의', '의회', '제도'는 고대 사회에서는 뭔 말인가 싶을 수 있다는 것이다. 이런 개념들의 기원과 배경은 중세 때부터 이어진 영국의 왕권 견제 역사와, 13세기 '마그나 카르타' (Magna Carta), 18세기에 꽃피는 의회 정치 등에서 찾을 수 있고, 더 거슬러 올라가도 기원전 5세기 그리스의 아테네 정도이다. 반면 구약성서의 배경이 되는 시기와 구약성서가 형성된 기간은 대략 기원전 13세기에서 기원전 2세기 정도까지의 시기이다. 그 폭이 훨씬 더 좁을 수도 있지만 대략 이 기간이 고대 이스라엘 의회제도 관찰의 배경이 된다.

때문에 우리가 상식적으로 생각하는 근대적 민주주의 행태를 고대 사회에서 발견하기는 매우 어렵다.[10] 그럼에도 불구하고 우리가 살펴보고자 하는 것은 왕권이나 전제정치의 출현 훨씬 이전부터 존재했던 이른바 '의회', 주로 '장로'들의 결정 행태를 살피는 것이며, 왕권의 도래 이후에도 지속되었던 이 의회 기구의 역할과 기능을 관찰하는 것이다. 그들 사회의 개개인이 어떻게 그들의 가치와 권리, 의견을 평등하고 공정하게 인정받고 개진하였는지 그 흔적을 보고자 한다.

대부분의 관련 문헌들이 '종교-설화적' 혹은 '신화적' 성격을 상당히 지니고 있지만 그럼에도 이 자료들은 당시 사회의 현실을 비추어 줄 거울과도 같다. 고대 '종교-설화적' 문헌이 얼마만큼 '사회적 현실'도 조명해 줄 수 있는지 살펴볼 수 있는 흥미로운 작업이 되는 이유이기도 하다.[11]

지금까지 고대 이스라엘의 '의회제도'를 연구한 학자들이 없는 것은 아니었다. 특히 다소 민족주의적인 유대 학자들은 민주주의의 행태가 고대 이스라엘에서 기원한다고 피력하기도 했다.[12] 물론 지나치게 이상적이며 당시 사회의 한계가 간과된 의견이다. 더불어 이와 관련된 연구들이 이스라엘과 인접한 지역인 우가릿 문헌과 주로 비교되어 이루어진 것도 한계였다.[13] 그래서 우리는 좀더 확대된 영역의 자료들도 들여다보려 한다.[14] 즉 고대 이스라엘 사회의 '의회'

에 의해 수행된 정치적·사법적·행정적 '의사 결정' 행태와 의회의 사회-정치적 역할과 권위도 살펴볼 것이다. 이를 위해 쓰이는 관찰 자료는 유대-기독교의 정경인 구약성서와 고대 서아시아 문헌들이다.[15]

3장

어르신을 잃은 사회

우리의 미래는 어르신에게 있다

'명예살인'에 대하여 들어 보았을 것이다. 가족이나 친척의 명예를 크게 훼손하였다고 생각되는 자가 있으면, 그 친족이 자체적으로 그 사람을 살해하는 일이다. 명예살인의 희생자는 대부분 여성이기 일쑤다. 그들이 판단하기에 성적으로 문란하거나 종교적 전통에 어긋난 행동을 하였다고 여겨지는 경우 오빠나 아버지가 나서서 죽여 버린다. 결혼 전에 연애를 하였다고, 심지어 학교에 나가 교육을 받는다고 죽임을 당한다. 이런 악습을 근절하기 위해 살해자를 잡아 재판을 하기도 하지만, 뿌리 깊은 가부장적 민습과 종교적 행태는 쉽게 고쳐지지 않는다. 그만큼 전통은 질기다.

서두에서 살펴본 신명기 21장 18-21절도 유사한 갈등을 보고하고 있다. 전통과 인권의 대결이다. 아버지나 어머니의 말을 전혀 듣지 않고 반항하며 고집이 센, 그래서 아무리 타일러도 듣지 않는 아들은 목숨이 위태롭다. 그나마 아들이니까 문헌에 이렇게 '문제시'되었을 것이다. 딸이었으면 소리 소문 없이 사라졌을 수도 있었으리라.

친족 중심이었던 당시 사회에서 가장은 집안을 어지럽히는 문제에 단호한 조치를 취하여야 했다. 그럴 책임도 컸고 그 권위도 막강하였을 것이다. 그러나 예전 같으면 권위로 쉽게 결정 내릴 수 있었던 일을 이제는 성급히 판단하지 말 것을 신명기는 종용한다. 이 본문은 꽤 까다로운 절차를 부모에게 제시한다. 앞서 말했듯 먼저 마을의 어르신, 장로들에게 데려가 호소부터 해야 한다. 그리고 모든 마을 사람들이 직접 돌을 들어야 처형이 가능하다. 아무리 가장의 권위와 집안의 질서가 중요하지만, 한 생명의 문제는 신중에 신중을 기해야 한다는 공동체의 압박이 느껴진다. 이 부분에서 우리가 관심 가지려는 기제는 여기에 등장하는 '장로'들이다. 정확히 어떤 경우 장로에게 가고, 구체적으로 장로들이 어떤 조치부터 취했는지 그 절차를 찾아내기는 쉽지 않다. 하지만 성읍 안의 사건을 보고받고 판단할 권한이 장로들에게 있음은 알 수 있다. 성질이 뻗쳐 아들을 때려잡는 가정의 불상사는 장로들이 최대한 지연시킬 수 있었다. 앞에서 살펴본 도피성 관련 본문에서도 장로들이 등장한다.

> 살인자는 이 성읍들 가운데 한 곳으로 가서, 그 성문 어귀에 서서, 그 성의 장로들에게 자신이 저지른 사고를 설명하여야 한다. 그러면 그들은 그를 성 안으로 받아들이고, 그가 있을 곳을 마련해 주어, 함께 살도록 해야 한다(수 20:4).

누군가를 살인한 자가 도피성에 도망 왔을 경우 그가 고의로 사고를 저질렀는지 아닌지, 성에 들일지 말지 판단하는 중책을 장로들이 맡았다. 반대로 고의로 살인한 자가 도피성에 피신했을 때, 그 살인자가 살던 마을의 장로들은 그 살인자를 잡아 올 권한도 있었다.

> 그러나 어떤 사람이 그의 이웃을 미워하여서 해치려고 숨었다가, 일어나 이웃을 덮쳐서 그 생명에 치명상을 입혀 죽게 하고, 이 여러 성읍 가운데 한 곳으로 피신하면, 그가 살던 성읍의 장로들이 사람을 보내어, 그를 거기에서 붙잡아다가 복수자의 손에 넘겨주어 죽이게 하여야 합니다(신 19:11-12).

　앞에서 보았던 신명기 21장 1-5절처럼 미제 살인 사건이 벌어져 현장을 조사해야 할 때 수사 반장 역할을 했던 것도 장로였다. 궂은일이지만 이번에도 사람의 생명과 관련된 일이다. 공동체에 신중한 판단이 필요할 때에는 이렇게 장로들이 관여했다.
　장로를 뜻하는 히브리어 '자케인'(zāqēn)에는 '늙은'과 '수염'이라는 뜻이 있다. 영어로는 'elder'로 주로 번역되고, 우리 정서로 보자면 '어르신' 정도가 적절하다. 어르신이라는 말은 지위나 위치를 명확하게 규정하기가 애매하다. 장로가 될 수 있는 연령이나 사회적 위치를 규정하는 것도 쉬운 일은 아니다. 언뜻 생각하기에 나이가 많아야 될 것 같지만 나이가 많지 않아도 마을의 유력자가 되면 장로의 역할을 했을 것으로 보인다. 장로는 마을에서 나이와 상관없이 꼭 있어야 하기 때문이다. 노인들이 일찍 돌아가셔서 어르신들이 많지 않거나, 있는 노인들마저 온전치 못한 경우 나이는 많지 않아도 존경받는 연장

자라면 장로의 역할을 하였을 것이다.

위 본문들의 장로는 모두 '성읍'의 장로인 것으로 나타나 있다. 성읍은 '마을'이나 '도시'로도 번역된다. 환경에 따라 특정 성읍의 크기나 인구수는 다양하였을 것이다. 그런데 장로들이 성읍에만 있었던 것은 아니다. 왕궁 내에서 왕을 보좌하고 정치적 조언을 했던 귀족 장로들도 있었고, 전 국가를 대표하는 거국적 장로들도 존재하였다. 유연성 있게 생각해 보자면 당시의 장로란 지금 사회의 지도자층에 있는 '어르신'들을 뜻한다고 볼 수 있다.

당시 고대 이스라엘 사람들의 삶에 중요한 결정을 내려 주던 이들은 연륜과 경험이 많은 '어르신'들이었다. 어르신이란 말이 암시하는 것처럼 장로는 크게 두 가지를 대표한다. 바로 '전통'과 '남자'다. 안타깝게도 여성과 지나치게 연소한 자는 중대 사안을 결정하는 데에 참여하기 어렵다. 그래서 예언자 이사야는 망조가 깃든 사회란 여자와 어린아이들이 다스리는 세상이라 표현하기도 했다.

> 아이들이 내 백성을 억누르며, 여인들이 백성을 다스린다. 내 백성아, 네 지도자들이 길을 잘못 들게 하며, 가야 할 길에서 벗어나게 하는구나(사 3:12).

연배가 높고 전통의 가치를 존중하는 자일 뿐만 아니라 유력자이어야 장로가 될 수 있었을 것이다. 경제적 역량이 있다면 성읍의 장로 역할을 했을 가능성이 높았다. 큰 부자였던 욥이 바로 장로였다(욥 29:7-10).[1]

장로들의 활약은 크게 두 영역에 나타난다. 먼저는 가족과 친족이고 다음은 나라의 행정적 기구다. 전자는 마을, 후자는 왕궁이 배경이 된다. 이스라엘이 처음 가나안 땅에 들어와 살 때에는 왕도, 왕궁도 없었다. 주변 이웃들이 도시를 중심으로 왕정 체제를 이루어 살아갈 때에, 그들은 여러 '지파'[2]들이 연합한 지방분권식 체제였다. 가족과 친족의 확대로 이루어진 이들 사회에서 '지파'는 가장 큰 사회 단위였고 그 아래에 '씨족' 혹은 '친족', '종족'[3] 등으로 이해될 수 있는 단위가 있었다. 그리고 그 아래에는 '집안' 혹은 '가문', '집'으로 여겨지는 단위가 있다. '아버지의 집' 혹은 '조상의 집'이란 말을 히브리어에서 사용하는데,[4] 당시 개인에게 가장 가깝고 중요했던 사회 단위였다. 한 사람에게 경제적·사법적·교육적 영향을 직접적으로 미치는 기구가 바로 '집안'이다.[5]

집안이라는 가족적이고 소박한 단위 안에서도 사법적 결정이 이루어졌다. 당시 사람들이 가지고 있던 문젯거리들은 '집안'의 어른들이 그 권한을 가지고 결정하였다. 결혼이나 이혼, 가족을 향한 훈계 등이 집안 어르신의 권위로 결정되고 행해질 수 있는 문제였다. 집안 어른들의 판단과 권위가 당시 사람들의 가장 가까운 법적 판단 기구였던 것이다. 이들이 처리해야만 했던 일들이 무엇인지는 볼 수 있는 바가 많이 있다. 신명기의 예를 보자면, 전쟁 포로 여인들과 결혼하는 문제나 맏아들의 상속권, 노예의 도피, 창녀를 금지하는 문제 등이 있다(신 21:10-17; 23:15-18). 이 어른들은 함부로 마을의 일원이 죽임을 당하지 않도록 보호하는 일에 큰 역할을 하였다. 앞서 살펴본 것처럼 행동장애가 있을 법한 아들을 아버지의 폭력으로부터 보호하였으며, 자기 직계 친족의 생명을 보호하는 권한도 있었다(삿

6:30-31). 어른들의 권위와 전통에 대한 존경은 친족을 중심으로 한 공동체의 사법적 질서를 보호하고 유지시켰다.

사실 고대 이스라엘 사회에서 법과 정의의 실현은 그들 삶의 핵심이라 해도 과언이 아니다. 그들 사회와 정신의 보고(寶庫)라 할 수 있는 구약성서에서 첫 다섯 권—창세기, 출애굽기, 레위기, 민수기, 신명기—즉 오경(五經)은 그 가운데가 법률문으로 가득 채워져 있다. 그래서 이 다섯 권 자체를 '율법서'라 부르기도 한다.[6] 법을 이토록 중요시하는 이스라엘 사람들의 정신을 생각해 본다면, 법과 정의 수호에 책임이 있는 어르신들, 즉 장로들의 권위와 역할이 얼마나 중요했을지 짐작이 간다.

집안의 어르신들이 마을의 중요한 일을 결정할 때에는 주로 '성문 앞' 광장에 모여 일을 처리하였다. 여러 성경 구절이 이를 증명한다(신 21:19; 22:15; 25:7; 룻 4; 애 5:14; 욥 29:4). 이 모임은 일종의 지역 '의회'(council, assembly)인 셈이다. 욥기 29장을 보면 당시 장로들이 지역 사회를 위해 의회에서 행하였던 일이 어떤 의의가 있는지 잘 나타나 있다. 젊은이들도 늙은이들도 마을의 장로가 성문 앞 의회에 등장하면 입을 다물고 존경을 표하였다. 의회의 장로로서 이들은 가난한 사람과 고아, 과부, 비참한 자들을 위해 정의로운 결정을 베풀어 줄 수 있었다. 궁핍한 사람들에게는 따뜻한 아버지였으나 악인들에게는 무서운 선생님 같았던 이가 바로 마을의 장로였다.

이 성문 앞 의회는 한 사람이 아닌 다수의 어른들로 구성되었다. 마을의 크기에 따라 의회에 참여하는 장로들의 수가 달랐겠지만 12명은 넘지 않았을 것으로 보인다. 이스라엘 사회는 '다수'의 장로들이 공동체의 주요 사안들을 결정하는 꽤 '민주적'인 절차를 꾀하였다. 왕정이 도래하기 전까지는 절대 개인의 독점적 판단에 공동체를 맡기지 않았다. 왕정이 도입되고 나서도 그들은 장로들의 의회와 전통을 무게감 있게 받아들였다. 심지어 왕도 지역 장로들로부터 인정을 받으려 노력했으며 그들의 조언을 구하러 일부러 찾기도 하였다.

솔로몬 왕이 죽은 뒤 그를 뒤이은 르호보암은 북쪽 지역 사람들로부터 정책 수정을 요구받는다. 이때 르호보암은 결정을 내리기에 앞서서 자기 아버지 솔로몬을 섬겼던 '장로'들과 먼저 의논을 한다(왕상 12:1-7). 르호보암이 장로들의 조언을 무시하기는 하였지만, 우리는 여기에서 중요한 정보를 캐낼 수 있다. '장로들'이라 불리는 위원들이 왕궁에서 왕을 섬기고 조언하는 역할을 하였다는 것이다. 위에서 살펴보았던 마을의 장로들과는 분명히 다른 격을 지녔을 것이다. 어떤 배경과 과정을 통해 왕궁에서 일하는 장로가 되는지 밝혀지지는 않았지만, 왕정정치가 이스라엘에 도입되고 나서도 이 '어르신'들의 전통과 권위는 상당하였던 것으로 볼 수 있다.

또 한 가지를 관찰할 수 있는데 왕궁의 장로들은 왕이 죽고 어린 후계자가 왕이 될 경우 그들의 연륜과 경험을 바탕으로 조언자 역할을 하였다는 것이다. 물론 솔로몬이 이스라엘 3대째 왕이었으니, 이런 제도가 오랜 전통을 가진 것은 아닐 것이다. 그러나 이스라엘 주변 서아시아 문헌에도 관찰되는 바가 있는 것을 보면, 당시 왕궁 장로들의 역할과 권위를 짐작할 수 있다.

마을의 장로와 왕궁의 장로 모두 같은 히브리어 '자케인'으로 표기된다. 즉 어르신이라는 것이다. 고대 이스라엘 사회의 중요 의사결정에 있어 '어르신', 즉 경험과 연륜, 가부장적 권위가 얼마나 중요한 역할을 하는지 우리는 발견할 수 있다.

사실 가부장적 사회였기 때문에 현대 민주적 의식과 비교하자면 여성이나 어린아이들의 인권 보호에는 취약점이 있었다. 그렇다고 고대 이스라엘 사회의 민주적 의식을 현대의 것보다 열등한 것이라고 그 누가 자신 있게 말하겠는가. 현대 사회도 약자 보호에 취약점을 지니고 있으며, 거대 자본가와 권력층이 훼손시키는 사회 정의에 대하여는 굳이 말하지 않아도 독자분들이 잘 아시리라 생각된다.

뉴스에서 들은 지금 우리네의 이야기는 더 충격적이다. 한 아버지가 지속적으로 가한 폭력에 일곱 살 난 아들이 죽었고, 그 시신은 훼손되어 3년간이나 냉장고에 있었다 한다. 성경에 나온 2, 3천 년 전 이야기를 잔인하다 치부할 게 아니다. 우리도 다를 바 없다. 다른 것이 있다면 가족 문제에 개입하여 비행을 막아 줄 권위가 사라졌다는 것이다. 즉 어르신이 없다는 것이다. 또 다른 뉴스에서는 10대 학생들이 아버지뻘 되는 기간제 교사 한 명을 빗자루로 찌르고 욕하며 희롱하였고 그 영상이 회람되었다. 어른 없이 사는 핵가족 분열 사회에 어울리는 막장 비극이다.

21세기를 산다 하지만 고대 시대와 빗대어 우리의 법치는 자랑할 만한가? 우리 시대 법이 사건의 가해자를 찾아내어 잡아 가두고 징벌하는 데에는 더 효과적일 것이다. 그러나 이런 비극이 발생조차 하지 않도록 가까이서 조치해 줄 수 있는 것은 차디찬 법이 아니라 온기 나는 어르신들의 권위와 지혜일 것 같다. 포악한 가장이나 망나니 아들에게 필요한 건 존경받는 어른의 훈훈한 훈계나 호랑이 같은 호통이다. 그런데 아쉽게도 우리네는 어르신을 잃은 것 같다. 분화되는 사회 탓이기도 하지만, 어르신들 스스로가 그 권위를 상실한 듯하다.

우리의 미래는 진짜 어린 새싹들에게 달린 것일까? 아니다. 우리 어르신들에게 달린 것 같다. 집안은 어른이, 교회는 장로와 원로 목사가, 나라는 은퇴한 대통령들이 잘했어야 했고 지금도 어르신으로 존경받아야 했는데 말이다.

어른의 경험과 지혜

마을의 어르신인 장로들은 친족 중심의 공동체에 사법적 권한을 가지고 있었다. '어르신'의 권위는 그만큼 중요시되었다. 집안 어른에 대한 공경이 동양 문화와 역사에서 잘 관찰되는 것처럼, 고대 이스라엘이 남긴 구약성서도 그 못지않은 어른 공경을 가르치고 있다.

특히 구약성서의 '지혜문헌', 즉 욥기, 잠언, 전도서를 보라. 당시 상류층을 중심으로 회람되고 형성·발달한 그들의 지혜 전통은 어른의 '경험'을 강조한다. 잠언을 보면 '아들아'라고 부르며 시작하는 문구들이 자주 등장한다(잠 1:1-9:18). 잠언은 성인기로 접어드는 아들에게 세상 사는 지혜를 가르친다는 훈육의 목적도 가지고 있었기 때문이다. 총명하고 원기 왕성한 젊은이라 하더라도 절대 가질 수 없는 것, 다름 아닌 인생의 경륜이다. 그래서 지혜문헌의 격언과 가르침은 경험의 언어화로 불리기도 한다.

> 아이들아, 너희는 아버지의 훈계를 잘 듣고, 명철을 얻도록 귀를 기울여라. 내가 선한 도리를 너희에게 전하니, 너희는 내 교훈을 저버리지 말아라. 나도 내 아버지에게는 아들이었고, 내 어머니 앞에서도 하나뿐인 귀여운 자식이었다. 아버지는 내게 이렇게 가르치셨다. "내 말을 네 마음에 간직하고, 내 명령을 지켜라. 네가 잘 살 것이다. 지혜를 얻고, 명철을 얻어라. 내가 친히 하는 말을 잊지 말고, 어기지 말아라" (잠 4:1-5).[7]

지금과 같이 정보화가 용이하지 않던, 교육이 대부분 가족 안에서 이루어진 사회에서 젊은이에게 가장 필요했던 것은 어른의 '경험'이었다. 그래서 어른 공경은 절대적이었다. 나이가 들어 연로하다는 뜻을 지닌 '장로'들, 이들의 권위를 지지하는 힘은 어릴 적부터 가족 안에서 배운 가르침에서 비롯된 것이다.

이 어르신들의 힘이 실질적이었다는 것은 역설적으로 그들의 비리 고발을 통해서 알 수 있다. 기원전 8세기, 예언자 아모스는 사회의 온갖 비리를 통렬하게 비난하면서 '성문'에서 저질러진 불의를 언급한다. 성문 앞 광장은 앞에서 말씀드렸듯이 사법적 판결을 하던 곳이고 장로들이 이를 위해 집결하던 곳이다. 이곳의 비리에 장로들이 연관되었을 것은 뻔하다.

> 너희들이 저지른 무수한 범죄와 엄청난 죄악을 나는 다 알고 있다. 너희는 의로운

사람을 학대하며, 뇌물을 받고 법정(성문)에서 가난한 사람들을 억울하게 하였다(암 5:12).

행여 주 만군의 하나님이 남아 있는 요셉의 남은 자를 불쌍히 여기실지 모르니, 악을 미워하고, 선을 사랑하여라. 법정(성문)에서 올바르게 재판하여라(암 5:15).

지역 사회의 사법적 권한을 가진 이들을 임명하면서 그들에게 하였던 경고를 보라.

> 그는 또 온 유다의 요새화된 성읍에 재판관들을 임명하여 세우고, 그들에게 말하였다. "그대들은 맡은 일을 할 때에 삼가 조심하여 하시오. 그대들이 하는 재판은 단순히 사람을 기쁘게 하는 것이 아니라, 그대들이 재판할 때에 그대들과 함께 계시는 주님을 기쁘시게 하는 것임을 명심하시오. 주님을 두려워하는 일이 한 순간이라도 그대들에게서 떠나지 않도록 하시오. 주 우리의 하나님께서는 불의하지도 않으시며, 치우침도 없으시며, 뇌물을 받지도 않으시니, 재판할 때에 삼가 조심하여 하도록 하시오"(대하 19:5-7).

지금으로부터 거의 3천 년 전의 일이지만, 뇌물을 통해 정의를 왜곡하려는 시도는 지금이나 그때나 매한가지였다. 뇌물까지 받을 정도니 장로들의 실세가 어떠했는지 짐작이 간다.

잠시 위 본문에 등장한 명칭에 관심을 가져 보자. 앞 장에서는 성읍에서 사법적 권한을 가지는 이들이 장로들이었다는 것을 보았다. 그런데 위 본문에는 '재판관들'이라는 명칭이 등장한다.[8] 이들의 정체도 분명히 밝히기는 어려우나, 이들의 직업적 배경이 구체적으로 적혀 있는 구절이 바로 뒤따른다.

> 이 밖에 예루살렘에서도 여호사밧이 레위인들과 제사장들과 이스라엘 가문의 족장들 가운데서 사람을 뽑아 재판관으로 임명하여, 주님의 법을 어긴 경우를 포함하여, 예루살렘에 사는 모든 주민의 송사를 재판하게 하였다(대하 19:8).

이름은 재판관이지만 이전에 보았던 장로들과 거의 같은 역할을 하는 것으로 보인다. 그렇다면 어르신이라는 두리뭉실한 개념의 '장로'는, 위와 같이 구체적으로 명시한 '재판관'들에 대한 비공식적이고 구어적인 표현인 것일까? 혹은 역대기의 저작 연대가 워낙 후기이다 보니,[9] 오래전에는 그저 '장로'라고 부르던 이들을 후대에 조금 더 전문적인 용어로 불렀거나 그냥 표기만 그렇게 하였던 것일까? 명확하게 밝힐 수는 없지만, 당시에 일종의 사법연수원이라도 있어 법률에 특화된 전문가가 양성되고 그들이 '재판관'이란 명함을 갖고 다녔던 것은 아니었을 것이다.

또 한 가지 관찰되는 것이 있다. 당시 유력한 어르신으로서 성읍의 사법적 권한을 가질 수 있었던 이들은 레위인이나 제사장 같은 종교적 대표들이었으며, 이들과 함께 가문의 대표들도 그런 권한을 가졌다. 친족이 모여 살았기 때문에 가문의 대표는 동시에 지역 대표, 즉 성읍 대표이기도 하다. 다시 말하면, 행정 체제가 지금처럼 뚜렷하지 않았던 고대 이스라엘에서 종교적 대표나 지역 가문의 대표 되는 '어르신'이 사법적 판결을 할 수 있는 권한을 가지고 있었던 것이며, 이 어르신들이 관용적으로 '장로'라 불리었을 것으로 보인다.

장로들의 판단은 가족과 마을의 질서뿐만 아니라, 민족 전체의 운명을 좌지우지하기도 했다. 이스라엘은 원래 왕 없이 하나님만을 왕으로 여기며 살자고 했으나, 현실의 절박함과 인간적인 어리석음이 신앙적 충절을 저버리게 만들었다. 강성해지는 원수 블레셋이 두려웠고, 멋진 왕을 두고 있는 이웃 민족들이 부러웠다. 전제적 권력을 가지고 민초들을 쥐어짤 자가 바로 그 왕이 될 것이라는 점을 미처 생각지 못했던 것이다. 민족의 운명을 바꿔 버릴 그 결정을 다름 아닌 '장로', 어르신들이 했다.

> 그래서 이스라엘의 모든 장로가 모여서, 라마로 사무엘을 찾아갔다. 그들이 사무엘에게 말하였다. "보십시오, 어른께서는 늙으셨고, 아드님들은 어른께서 걸어오신 그 길을 따라 살지 않습니다. 그러므로 이제 모든 이방 나라들처럼, 우리에게 왕을 세워 주셔서, 왕이 우리를 다스리게 하여 주십시오." 그러나 사무엘은 왕을 세워 다스리게 해 달라는 장로들의 말에 마음이 상하여, 주님께 기도를 드렸더니(삼상 8:4-6).

당시 나라의 유력 지도자였던 사무엘에게 가서 한 나라의 정치체제를 바꾸자고 주장할 정도로 권위 있던 이들도 '장로'였다. 이들의 어르신 행세는 나라의 전면적 개혁을 요구할 정도였다. '모든' 장로가 모였다고는 하지만 문자 그대로 모두는 아닐 테고, 꽤 많은 어르신들이 집결하였다고 보는 것이 옳다. 아니면 나라를 대표하는 주요 장로들로 이해할 수도 있다.

왕을 세우는 것에도 장로들은 큰 역량을 발휘하였다. 사울 왕에게 쫓겨 도망가 살던 다윗이 힘을 키우기 위해 접촉할 수밖에 없던 이들이 '장로'들이었다. 자기의 고향 헤브론에 있는 장로들에게 뇌물(?)을 전달한 정황이 성서에 드러나 있다.

> 시글락으로 돌아온 다윗은 전리품 가운데서 얼마를 떼어, 그의 친구들 곧 유다의 장로들에게 보내면서, 그것이 주님의 원수들에게서 약탈한 전리품 가운데서 떼어 내어 선물로 보내는 것이라고 밝혔다(삼상 30:26).[10]

당시 블레셋을 섬기던 다윗이 전쟁 전리품을 유다로 빼돌린 것은 꽤나 도발적인 정치 행위였음이 분명하다. 그리고 은밀한 거래였을 것이다. 앞선 29장의 기록을 보면 블레셋 지도자들 가운데는 다윗을 끝까지 미심쩍게 보는 무리가 있었기 때문이다. 꽤 큰 위험을 감수한 덕에 다윗은 어렵지 않게 고향에서 왕으로 등극한다.[11] 자기 고향인 헤브론에 이어 사울의 본거지인 북쪽도 접수하게 된 다윗은 이때에도 북이스라엘의 장로들과 언약을 맺고 기름부음을 받아 두 번째 왕위 등극을 할 수 있었다(삼하 5:3; 3:17 참조).

이스라엘 왕권기에는 장로들이 왕궁에서도 활약하였다. 전제 군주인 왕도 이 어르신들을 가볍게 여길 수 없었다. 이 왕궁 장로들의 위상은 인정받아 마땅하지만, 동시에 그 한계도 뚜렷해 보인다. 솔로몬을 이어 왕으로 등극하려던 르호보암이 북쪽 사람들을 만났다. 당시 이스라엘에는 북쪽과 남쪽 간의 지역 갈등이 언제 터질지 모르는 지뢰처럼 깔려 있었다.[12] 특히 솔로몬이 북쪽에 유독 혹정을 가했기에, 북쪽 사람들은 그의 아들 르호보암이 자기네들에게 부과된 세금과 노역을 가볍게 해주길 바랐다. 그들의 말을 들어 보자. 여기에는 분명 북쪽 장로들도 포함되어 있었을 것이다.

> 임금님의 아버지께서는 우리에게 무거운 멍에를 메우셨습니다. 이제 임금님께서는, 임금님의 아버지께서 우리에게 지워 주신 중노동과 그가 우리에게 메워 주신 이 무거운 멍에를 가볍게 해주십시오. 그러면 우리가 임금님을 섬기겠습니다(왕상 12:4).

나라의 국책을 바꿔야 하는 신중한 사안이다. 이때 르호보암은 왕이지만 함부로 판단하지 않았다. 먼저 그는 자기 아버지 솔로몬을 오랫동안 섬겼던 '어른'들과 상의한다.

> 르호보암 왕은 부왕 솔로몬이 살아 있을 때에, 부왕을 섬긴 원로들(장로들)과 상의하였다. "이 백성에게 어떤 대답을 해야 할지, 경들의 충고를 듣고 싶소"(왕상 12:6).

역사적으로 의미심장한 기록이다. 왕궁 내에 국정을 조언하는 장로들이 존재하였다는 것이다. 이 장로들은 르호보암에게 북쪽 사람들의 말을 들어주자고 하였다. 그래서 남북 간의 긴장을 완화하고자 했다. 나라의 거사를 진행시키는 장로들의 모습이다. 하지만 여기까지만 보고 왕궁 장로들의 권역을 단정 짓긴 이르다. 그다음 르호보암이 한 행동을 보라.

원로들(장로들)이 이렇게 충고하였지만, 그는 원로들의 충고를 무시하고, 자기와 함께 자란, 자기를 받드는 젊은 신하들과 의논하면서(왕상 12:8).

젊은 신하들은 북쪽에 더 강경한 대응을 할 것을 주장한다. 결국 르호보암은 장로들의 권유를 무시하고 자기 또래 젊은 신하들과 함께한다. 어른들의 권유를 무시한 결과, 북쪽은 르호보암에 반발하여 자기들만의 나라를 세워 버린다. 결국 이스라엘은 분열된다.

이 이야기는 왕궁에까지 존재하던 '장로'들의 역할과 한계를 가늠하게 해준다. 위 12장 6절을 보면 르호보암에게 국정 조언을 하였던 장로들은 모두 그의 아버지 솔로몬을 섬겼던 이들이다. 아버지를 뒤이은 젊은 왕에게 이들은 당연히 어르신, 즉 장로들이다. 어른의 말을 잘 들으라는 그들의 지혜 전통처럼, 새로 왕위에 오른 르호보암은 왕궁 어른들에게 먼저 조언을 구한다. 그러나 장로들의 조언은 단지 조언으로 그칠 뿐, 왕은 어른들의 말을 거스르는 결단을 내린다. 왕궁에 존재하는 장로들의 역할이 어떠한지 그 성격과 한계가 단번에 드러난다. 왕궁의 장로들은 절대 권력자인 왕의 결단에 말 그대로 '조언'을 할 뿐이다. 한때 왕위를 거의 거머쥐었던 압살롬도 장로들의 말에 귀를 기울이기는 하였으나 따르지는 않았다고 성경은 보고한다(삼하 17:4, 14-15).

그래도 이런 조언적 역할을 하는 어른들을 공식적으로 왕궁에 두었다는 것은 의미가 있다. 선왕을 섬겼던 어르신들이기에 경험이 적은 젊은 왕에게는 큰 도움을 줄 수 있는 조언자들이었을 것이다.[13] 왕궁 안에서 왕의 조언자 역할을 하는 장로들의 전통은 이스라엘 주변 민족들의 문헌 속에서도 발견된다. 기원전 22세기 고대 메소포타미아 한 도시에 길가메쉬(Gilgamesh)라는 왕이 있었다. 그리고 그에 관한 이야기가 서사시로 전수되어 왔다.[14] 물론 이 이야기를 담은 문헌들은 훨씬 이후의 저작이긴 하다. 길가메쉬 왕과 그의 친한 친구 엔키두(Enkidu)는 누군가와 심각한 싸움을 하기 위해 어느 날 같이 길을 떠난다. 떠나기 전, 왕에게 장로들이 조언하는 장면이 나온다.[15]

> 장로들이 입을 열어 길가메쉬에게 말한다. "길가메쉬여, 당신 자신의 힘을 전적으로 의지하지 마십시오…"(서판 III i 1-2).[16]

이처럼 고대 서아시아에는 마치 아버지와 같은 역할을 하는 장로들이 왕궁에 있어, 왕에게 아버지와 같은 조언을 하기도 하였다. 정치적·외교적 문제뿐만 아니라 젊은 왕의 심리적 안정도 꾀한 가부장 사회의 한 면이 보인다. 물론 왕궁기 이전부터 이 어르신들은 사회 어느 곳에서든지 조언적 활동을 하였다. 전쟁에서 패하여 돌아온 남자들을 아버지처럼 격려하기도 하였다(삼상 4:3).

왕궁 안뿐만 아니라 왕궁 밖에서도 장로들은 왕의 정책에 큰 영향력을 행사할 수 있었다. 기원전 9세기, 시리아의 왕 벤하닷이 북이스라엘을 위협한 적이 있었는데 이때 왕궁에서 있었던 일을 보고한 다음 기록을 보라.

> 그래서 이스라엘 왕은 나라 안의 모든 원로들을 모아 놓고 의논하였다. "벤하닷이라는 사람이 꾀하고 있는 일이 얼마나 악한 일인지, 잘 생각해 보시오. 그가 나에게

왕비들과 자녀들을 내놓으라고 하고, 또 은과 금까지 요구하고 있는데, 나로서는 이것을 거절할 수가 없소." 그러나 모든 원로와 백성들은 왕에게, 벤하닷의 말을 듣지도 말고, 요구한 것을 보내지도 말라고 간언하였다(왕상 20:7-8).

'원로'가 바로 '장로'이다. 같은 히브리어 단어를 다르게 번역하였을 뿐이다. 비록 뚜렷한 한계를 지니고는 있지만 장로들의 권위와 활약에 대한 의의는 새길 만하다. 여기서 다시 한 번 처음에 언급했던 경험과 연륜의 가치를 생각해 보자. 왜 어른의 말은 주의를 기울일 필요가 있는 것일까?

어른의 말이 반드시 정의로운 것은 아니다. 어르신들의 경험과 지혜의 집결체인 잠언을 보면 잘 알 수 있다. 이 유산은 결코 이상적 정의만을 말하지는 않는다. 정의롭고 올바른 선택이란 어찌 보면 삶의 '좁은 길'로 걸어가는 것이다. 그러나 잠언의 많은 격언들은 인생의 좁은 길이 아닌 '넓은 길'을 가라고 조언한다. 때문에 옳지는 않지만 뇌물은 잘 통한다는 구절까지 남겨져 있고, 절대 남에게 보증 서지 말라는 구절도 있다(잠 17:8; 11:15). 구약의 여러 율법문과 예언자의 외침이 뇌물을 정죄하고, 친구를 위해서는 속옷까지 내어 주라는 예수님의 말씀을 생각해 본다면 위 잠언의 말씀이 이상적인 '정의'만을 말하고 있다고는 보기 어렵다.

잠언의 진정한 의미를 여기에 다 설명하기는 어렵다. 하지만 이 지점에서 반드시 인지되어야 할 것이 있다면, 전반적으로 잠언이라는 지혜 전통은 자식이 이 세상을 무사히 살아나가길 바라는 애비의 심정을 담았다는 것이다. 예를 들어 부모는 자식이 길에서 깡패를 만났을 때 정의를 위해 맞서 싸우기보다는 피해 가기를 바란다(잠 14:16; 욥 1:1).[17] 그것이 부모의 솔직한 심정인 것이다. 잠언의 지혜 전통은 악과 '맞서 싸우라'는 예언자들의 전통과 대립하는 것이다. 잠언은 이 세상의 민낯을 적나라하게 보여 주는 세상의 거울과 같은 책이다. 그리고 그 적나라한 모습을 알려 주려는 아버지의 목소리인 것이다.

경험이 없는 미숙한 자들에게는 미리 겪어 본 어른의 조언이 결정적인 도움이 될 수밖에 없다. 어른들은 경험과 지식으로 어떤 사안이 앞으로 어떻게 될지 예측할 수 있으며, 이는 통계적으로 신빙성이 있다. 많이 겪었으니 더 훤히 예측할 수 있는 것이다. 그래서 잠언과 같은 지혜 전통은 어른의 말씀을 들으라고, 중대한 일은 혼자 결정하지 말고 반드시 다른 이와 '의논'하여 결정하라고 강조하는 것이다. 다른 이는 다름 아닌 어르신이며 그들은 무언가를 결정하기 위한 유력한 정보를 제공할 수 있기 때문이다. 당시는 지금처럼 결정에 도움을 줄 수 있는 인터넷 자료도, 큰 도서관도, 카톡방도 존재하지 않던 때다. 어른은 유일하고 귀중한 정보의 보고였으며 이를 도외시하는 것은 지혜롭지 못한 처사였다.

독단적인 결단 행위를 막으려 한 이유는 결정의 주체는 '나' 혼자이기도 하지만 '나'는 '우리'에게 영향을 미치기 때문이다. 잠언에서 교훈을 듣는 주체는 곧 결혼도 하고 집안을 이끌어 갈 아들이며, 잠언 후반부에 드러나듯 나라를 책임질 왕이다(잠 31:1). 사회의 어른이 될 이들이다. 그렇기 때문에 나만의 독단적 세계보다는 '공동체'를 아울러야 한다. 그래서 혼자가 아닌 다른 어른이 공동체 의사 결정 과정에 참여해야 하며, 그래야만 가장 공정하고 지혜로운 결과를 낳게 된다.

　가정에, 교회에 그리고 사회에 정의롭고 올바른 조언을 그 경험과 함께 나누어 줄 수 있는 어르신이 아쉽다. 다시 한 번 말하지만 우리의 미래는 어르신들에게 달려 있다.

의논하는 공동체

　고대 이스라엘 사회에서 사법적 권한을 행사했던 장로들의 이모저모를 살펴보았다. 이 '어르신'들에 대한 존경과 권위는 여느 동양권 문화에서 볼 수 있는 가부장 사회의 가족 전통과 경험에서 우러나온 것이었다. 장로들이라 불리는 이 어르신들의 실체는 그 말뜻만큼이나 애매모호하지만 일부 본문은 성읍 안에 있는 종교 지도자나 지역 대표가 장로들이었음을 암시하기도 한다.
　고대 사회가 남겨 준 글과 목소리만으로는 그 정의를 내리기가 쉽지 않다. 어쩌면 현대인들의 구미에 맞는 정의를 문헌 속에서 찾는 것 자체가 무리일 수도 있다. 당시 마을의 사법적·행정적 체제가 지금처럼 조직적일 필요는 크지 않았을 것이다. 어르신들의 권위는 법적인 강제력이 아니라 사람이 어려서부터 순종해 온 가족적 전통이 었기에, 더 실질적이고 존엄하게 여겨졌을 것이다. 동시에, 같은 이 유로 매우 애매한 직위와 권한을 부여받았을 것으로 추정된다.

자, 이제 장로들과 유사한 사법적 권위를 가지고 의사결정을 하였던 또 다른 조직을 살펴보자. 우리말 성경에 주로 '회중'이라 번역되는 모임이다. 이를 위해 다시 한 번 도피성 관련 문헌을 살펴보자.

살인자의 도피 문제가 언급된 구약성서의 본문은 출애굽기 21장 12-14절, 민수기 35장, 신명기 4장, 19장, 그리고 여호수아서 1-9장이다. 이 중에는 장로들이 무슨 일을 하였는지 알려 주는 본문도 있지만, 장로들보다 더 구체적으로 활약하던 '회중'의 모습을 보여 주는 본문도 있다. 장로와 회중 두 기구가 동시에 등장하는 본문도 있다. 대략적으로 볼 때, 살인자가 도피했을 때 즉각적이고 일차적인 판단을 하였던 기구가 장로들이었고, 그다음 더 신중하고 구체적인 판단을 하였던 기구가 회중이었다. 먼저 장로들의 역할이 언급되는 두 본문을 보자.

> 그러나 어떤 사람이 그의 이웃을 미워하여서 해치려고 숨었다가, 일어나 이웃을 덮쳐서 그 생명에 치명상을 입혀 죽게 하고, 이 여러 성읍 가운데 한 곳으로 피신하면, 그가 살던 성읍의 장로들이 사람을 보내어, 그를 거기에서 붙잡아다가 복수자의 손에 넘겨주어 죽이게 하여야 합니다 (신 19:11-12).

> 고의가 아니라 실수로 사람을 죽인 사람을 그 곳으로 피하게 하여라. 그곳은 죽은 사람에 대한 복수를 하려는 사람을 피하는 곳이 될 것이다. 살인자는 이 성읍들 가

운데 한 곳으로 가서, 그 성문 어귀에 서서, 그 성의 장로들에게 자신이 저지른 사고를 설명하여야 한다. 그러면 그들은 그를 성 안으로 받아들이고, 그가 있을 곳을 마련해 주어, 함께 살도록 해야 한다(수 20:3-4).

위 신명기 본문은 고의로 살인을 저지른 사람이 도피성으로 도망간 경우, 그 살해자가 살던 성읍의 장로들이 나서서 살인자를 잡아 온다는 기록이다. 여호수아서 본문은 그 반대다. 실수로 살인을 한 사람이 도피성에 도망 온 경우, 그 살인자를 맞는 역할을 도피성의 장로들이 했다는 것이다.

상상하여 보자. 살인자가 자기를 쳐 죽이려 쫓아오는 복수자를 피해 도피성으로 도망 왔을 경우, 그 살인자가 고의로 살해를 했는지 아닌지 면밀하게 판단할 수 있는 경황이 있을까? 우선 섣부른 제2의 살해는 피하고 볼 일이다. 이때 1차 판단을 했던 이가 장로들이다. 어르신의 권위로 뒤쫓아 온 복수자와 살인자 사이를 중재하였을 것이다. 분노가 끓어올라 사지를 찢어 죽일 기세이지만, 마을 어르신의 흰 수염을 보면 복수자도 자중하였을 것이라 본다. 여호수아서의 본문은 그러한 상황을 대변하여 준다.

복수자가 할 수 없이 씩씩거리며 자기 성읍으로 돌아온 뒤에는 아마도 자기 마을의 장로들을 찾아가 자초지종을 설명했을 것이다. 그래서 어르신들의 판단에 살해자가 고의성이 분명했고 그 잘못한 대가를 치르는 것이 옳다고 생각되면, 장로들은 친히 도피성으로 찾아가 그 고의적 살인자를 잡아 오게 된다. 어르신들이 직접 찾아 온 경우이니, 도피성의 어르신들도 그들의 방문을 가볍게 여기지는 못하였을 것이다.

　이렇게 긴급한 사안을 어르신들이 지혜롭게 처리하고 나면, 이어서 회중이라는 기구가 해야 할 일이 있다. 살인자의 도피 문제를 다룬 본문 중 '회중'이 언급된 곳을 보자.

> 그 성읍들을 복수자를 피하는 도피처로 삼아서, 사람을 죽게 한 자가 회중 앞에서 재판을 받기 전에 죽는 일이 없도록 하여야 한다(민 35:12).[1]

> 회중은 이러한 규례에 따라서, 그 가해자와 피를 보복할 친족 사이를 판단해야 한다. 회중은 그 살인 혐의를 받은 사람이 피를 보복할 피해자의 친족에게서 보복을 당하지 않도록, 그 살인 혐의자를 그가 도피한 도피성으로 돌려보내야 한다. 그리고 그는, 거룩한 기름을 부어 성직에 임명된 대제사장이 죽을 때까지 거기에 머물러야 한다(민 35:24-25).

　여기서 회중은 살인자가 살던 성읍의 회중을 의미한다. 이 회중은 살해자와 보복자 사이를 판단하여, 살해자가 고의성이 없었다고 판단되는 경우 그를 도피성에 돌려보내야 한다. 장로들이 도피성으로 찾아가서 피신해 있는 살인자를 다시 잡아 왔는데 회중 앞에서 신중하게 판단하여 보니 고의성이 인정되지 않아 다시 도피성에 돌려보냈다는 말이 된다. 고의성이 인정되지 않아도 살인을 당한 자의 친족이 그를 가만두지 않을 수도 있기 때문이다.

　또 다른 본문을 보자. 여호수아서 20장인데 전체 아홉 절이 도피 제도를 언급하고 있다. 그리고 이 장은 살인자의 도피 문제와 관련하여 유일하게 장로들과 회중 두 기구가 같이 등장한다.[2] 위에 인용한 여호수아서 20장 3-4절을 다시 읽어 보라. 도피성의 장로들이 도망 온 살인자를 1차 판단하는 모습이 나온다. 뒤이어 나오는 6절은 이렇게 말한다.

> 그 살인자는 그 성읍에 머물러 살다가, 회중 앞에 서서 재판을 받은 다음, 그 당시의 대제사장이 죽은 뒤에야 자기의 성읍 곧 자기가 도망 나왔던 성읍에 있는 자기의 집으로 돌아갈 수 있다(수 20:6).

복수자는 끓어오르는 복수심에 올바른 판단 없이 사고를 저지를 확률이 크다. 그래서 일단 장로들이 그들의 경험에 근거하여 본능적(?) 판단을 내린다. 복수자가 돌아간 후 사건이 좀 진정되면 그때 가서 다시 회중 앞에서 차근히 그 살인자를 심문하는 것이다. 지금 우리 사회에서도 일단 범죄자를 잡아 구속시킨 다음 재판을 통해 판단하듯 위 구절도 그와 유사한 상황을 전제하고 있다 할 수 있다.

경찰도, 구속 영장도, 범죄자의 인권 보호법도 없던 당시에 살인사건이 걷잡을 수 없는 파행으로 치닫는 것을 막았던 기구가 바로 경륜과 권위의 어르신들이었다. 그다음 그 사건을 회중이 다시 찬찬히 판단하여 보았던 것이다. 앞서 우리는 살인의 고의성을 판단하는 규례가 고대 이스라엘 사회에 명문화되어 있는 것을 보았다. 아마도 그러한 규례를 근거로 회중이 살인자의 사건을 검토하였을 것이다. 그 검토 과정에는 도피성의 장로는 물론, 살인자와 복수자가 살던 마을의 장로들도 참여하였을 것으로 보인다.

그런데 이 회중이라는 기구는 어떤 이들로 구성되어 있으며 구체적으로 어떤 역할을 하였을까? 그 규모는 어떻게 되며 어떤 자격이 있어야 회중의 일원이 되는 것일까? 그 회중에서 재판을 하는 절차는 어떠했으며 그 의사 결정은 어떤 과정을 거쳐 이루어졌을까?

궁금한 것이 많지만 일단 '회중'이라는 단어부터 따져 보자. 히브리어로 '에이다'라 하며 어떤 특정 목적을 위해 특별히 모이는 모임을 가리킨다.[3] 종종 '군중'으로 번역되기도 하는데, 우리가 살펴본 본문을 보자면 그냥 사람들이 우르르 몰려 있는 모임은 아닐 것이다. 꽤 정형화되어 있는 사법적 의사결정 기구임이 분명하다. 때문에 주의를 기울일 필요가 있다. 같은 단어가 성경의 어느 곳에서는 일반적인 군중의 의미로, 또 어느 곳에는 사법적 판단 기구의 의미로 쓰이기 때문이다. 후자의 경우 일종의 '의회'로 이해해도 무리가 없을 듯하다. 물론 의회라는 말이 지닌 느낌을 당시 촌락에 적용하기에는 무리가 있다. 그래도 도피 문제를 다룬 본문들의 진지함을 고려해 본다면 이 모임을 '의회'라는 메커니즘으로 받아들여 볼 만하다.[4]

구약성서에는 '에이다'('ēdā) 말고도 다른 명칭의 의회나 모임들이 많이 발견된다.[5] 명칭뿐만 아니라 그 성격도 다양한 각종 모임이 구약 성서와 고대 서아시아 문헌에 등장한다. 예를 들어, 전쟁 혹은 폭동을 일으키기 위해 집결한 모임이 있고, 왕궁에서 연회를 벌이려 모인 모임이 있다. 최고 지도자인 왕을 찬양하기 위해 왕궁에 모인 모임도 있고, 왕이 무언가를 선언하거나 선포할 때에 그 앞에 모인 모임도 있으며, 서로들 모여 무언가를 서약하는 모임도 있다. 왕의 대관식 모임도 있고 우리가 관심 가지고 있는 의사결정 모임도 있는데, 주로 사법적 결정을 하는 의회이다. 이외에도 일종의 점술을 통해 의사결정을 하는 모임도 발견되고, 돌을 던져 사형수를 처단하기 위한 모임도 있다(레 24:14-16; 민 15:32-36).[6] 특정 성격의 모임이 반드시 특정한 명칭을 사용하는 것은 아니다. 다양한 명칭들이 시대적 용례 차이에 따라 혹은 저자의 선호도나 문학적 스타일에 따라 유동적으로 사용되었을 것이다. 한 예로 역대기의 기록을 보자.

> 왕이 대신들과 예루살렘의 온 회중과 더불어 의논하여, 둘째 달에 유월절을 지키기로 한 것이다(대하 30:2).

여기서 '회중'은 앞에서 주로 보았던 '에이다'가 아니라 '카할'(qāhāl)이다. 역대기의 기록은 구약성서의 다른 책들에 비해 후기의 저작으로 여겨진다. 정확한 저작 시기를 파악하기는 어려우나 적어도 포로기 이후이며, 늦게는 기원전 2세기 중반까지 본다. 이런 시대적 배경의 차이가 단어 사용의 변천에 영향을 주었을 것이다.[7]

'에이다'이건 '카할'이건 아무튼 소위 '회중'의 의회는 위 본문에 의하면 왕국기에 권위 있는 역할을 한 것으로 보인다. 기원전 7세기에 종교개혁을 진행하던 남유다 히스기야 왕은 국가적 중대 사안을 결정해야만 했다. 우리의 추석이나 설과 같은 민족적 대절기를 시행할 날짜를 정하는 일이었는데, 이 본문에서 보는 것처럼 혼자 의결하지 않았다. 왕궁 공무원들과 더불어 회중과 함께 의논하여 결정했다. 전제 정권이 들어섰지만, 이렇게 장로들과 회중의 의회는 여전히 사법적 기구로서 그리고 왕에게 충절의 조언을 하는 기구로서는 살아

있었다. 이런 경향은 이스라엘 주변 민족들도 마찬가지였다.[8]

위 도피성 관련 문헌을 보면, 왕궁인 아닌 성읍에서는 장로들과 회중의 역할이 차이가 나는 것을 발견할 수 있다. 장로들에 비해 회중의 의회는 좀더 면밀하고 전문적인 일처리를 하는 것으로 보인다. 반면, 덜 전문적인 문제나 갈등 혹은 경험과 지혜로 신속한 판단을 일단 내려야 할 경우는 일차적으로 마을 어르신들 손에 맡겨졌다. 앞서 살펴보았던 것처럼 망나니 아들을 때려잡겠다고 아비가 난리 치는 경우 마을의 어르신이 나섰다.

이와 유사한 일을 마을 어르신들이 어떻게 해결했는지 또 다른 경우를 보자. 첫날밤을 보낸 후 아내가 처녀가 아니었다고 갑자기 생떼를 부리는 남편 때문에 마을에 소란이 나는 경우, 역시 어르신들이 나서야 했다.

> 어떤 남자가 여자를 아내로 맞아 동침한 뒤에, 그 여자가 미워져서 '이 여자를 아내로 맞아 가까이 하여 보았더니, 처녀가 아니었다' 하고 비방하며, 누명을 씌워 소문을 퍼뜨렸을 때에, 그 여자의 부모는, 그 여자가 처녀임을 증명하는 증거물을 가지고 성문 위의 회관에 있는 그 성읍의 장로들에게 가십시오. 그 여자의 아버지는 장로들에게 이렇게 말해야 합니다. '내 딸을 이 사람에게 아내로 주었더니, 그가 내 딸을 미워하며, 내 딸이 처녀가 아니었다고 비방하였습니다. 그러나 이것이 내 딸이 처녀임을 증명하는 표입니다.' 그리고 그 성읍의 장로들 앞에 그 자리옷을 펴 보이십시오. 그러면 그 성읍의 장로들은 그 남자를 붙잡아 때린 뒤에, 이스라엘 처녀에게 누명을 씌운 대가로, 그 남자에게서 벌금으로 은 백 세겔을 받아서, 그 여자의 아버지에게 주십시오. 그 여자는 계속하여 그의 아내가 되고, 그는 평생 그 여자를

내보낼 수 없습니다(신 22:13-19).

　성읍의 장로들이 모여 있는 장소가 '성문 위의 회관'이라고 위 본문은 표기하는데, 사실 원어 그대로 보자면 그냥 '성문'이다. 성문은 마을의 장로들이 모여 의사결정을 행하던 곳이라고 이미 말씀드렸다. 장로들은 억울한 여인의 사정을 판단한 뒤 그 남자를 '연행'하여 '형벌'을 내리기도 했다. 붙잡아 직접 때리기도 했으니, 시골 동네 어느 어귀에서나 볼 수 있을 법한 상황이 그려진다. 머리가 희고 허리가 굽은 노친이 개념 없이 사는 청년 하나를 지팡이로 패는 모습 말이다. 벌금도 받아내 여인의 친정에 주었고 다시는 그 여인을 남자가 쫓아내지 못하도록 하였다. 현대 사회 같으면 그런 남편과 떨어져 사는 것이 더 합당하겠으나, 당시 사회에서는 이혼하여 혼자 있는 것이 여인에게 더 위협적이었기 때문에 위와 같은 결정이 옳았다.[9]

　장로들은 또 다른 찌질남도 손봐야 했다. 고대 이스라엘에는 역연혼(逆緣婚, levirate)이라는 관습이 있었는데, 자기 형제가 죽으면 그 아내와 결혼하여 보살펴 주어야 하는 제도다. 이런 형제간의 의리를 저버리는 소심남의 문제도 장로들이 도맡아 해결했다.

> 그 남자가 자기 형제의 아내와 결혼하는 것을 기뻐하지 않을 경우에, 홀로 남은 그 형제의 아내는 성문 위의 회관에 있는 장로들에게 가서 '남편의 형제가 자기 형제의 이름을 이스라엘 가운데서 잇기를 바라지 않으며, 남편의 형제의 의무도 나에게 하지 않고 있습니다' 하고 호소해야 합니다. 그러면 그 성읍의 장로들이 그를 불러다가 권면하십시오. 그래도 듣지 않고, 그 여자와 결혼할 마음이 없다고 하면, 홀로

> 남은 그 형제의 아내가, 장로들이 보는 앞에서 그에게 나아가서, 그의 발에서 신을 벗기고, 그의 얼굴에 침을 뱉으면서 말하기를 '형제의 가문 세우기를 원하지 않는 사람은 이렇게 된다' 하십시오. 그 다음부터는 이스라엘 가운데서 그의 이름이 '신 벗긴 자의 집안'이라고 불릴 것입니다(신 25:7-10).

이렇게 장로, 즉 어르신들은 마을 사람들과 가깝게 살을 맞대고 여러 문제들을 판단하여 주었다. 그래서 왕권기가 도래했어도 '장로'들이 일정 역할을 담당할 수 있었던 것 같다.

지금 우리가 다루는 문제들의 핵심에는 무엇이 있는가? 여러 가지가 스치지만 가장 맘에 와닿는 것은 '공동체'다. 동굴 속에 혼자 사는 사람의 관심사가 아니다. 똑같은 생존 본능과 이기심을 가진 일원들이 서로 부딪치며 살아가는 곳의 문제다. 여럿이 모여 살기 때문에 한 개인만의 주장과 유익, 이해를 꾀해서는 안 되고, 이로 인해 발생할 수 있는 공동체의 균열을 막아야 한다. 서로 상생하고 공동체의 유익을 극대화하여 이를 개개인이 누리고자 하는 문제다. 때론 그 문제가 어느 개인에게는 절박하기도 하다. 그래서 공동체의 중요한 의사 결정은 신중과 공평을 꾀하여야 하며, 어느 한 사람의 단독 결정을 막아야 하는 것이다. 아들도 잡아 죽이던 그 고대 사회에도 공동체 일원들의 민주적 갈망은 꿈틀거리고 있었다.

의논하시는 하나님

당신 앞에 고개 숙인 이들은 위대한 신들이어라; 이 땅에 대한 '결정적 판단'
은 그대에게 놓였네 위대한 신들이 그대에게 물으면 그대는 조언을 주시도
다 그들이 의회에 앉아 그대 아래에서 의논하네 오 신(Sin), 에쿠르(Ekur)의 빛
나는 이여, 그들이 요청하면 그대는 신들의 신탁을 내리시도다(11-14줄).

아슈르바니팔(Ashurbanipal)은 기원전 7세기 아시리아의 왕이
었다. 위 글은 유명한 그의 도서관에서 발견된 기도문의 일부다.
'월신(月神)에게 드리는 기도문'이라 알려져 있다.[10] 위 마지막 줄
의 '신'(Sin)은 그들이 섬기는 월신의 이름이며, '에쿠르'는 니푸르
(Nuppur)[11]에 있는 신전 이름이다. 여기는 신들이 모여 다양한 활동

을 하는 천상의회의 처소이기도 하다.

이 기도문은 월신을 중심으로 한 신들의 의회를 엿보게 해준다.[12] 의사결정 과정을 면밀히 보여 주지는 않지만, 그래도 의회의 의장과 그 아래 회원들이 '서로 논의하는' 광경을 그려 보게 해준다. 위에서 '결정적 판단'이라고 번역된 단어는 'purussû'(m)인데, 대개는 '판단', '결정', '법적 판결'을 의미하는 말이다.[13] 이 땅의 문제, 즉 인간과 자연, 우주에 대한 주요한 사안들을 신들이 모여 의논하고 결정을 내린다는 것이다. 더불어 의회의 회원들이 왕의 감찰 아래 서로 논의하고 왕에게 조언을 구하면서 올바른 판단을 내릴 수 있도록 꾀하는 모습도 관찰할 수 있다. 짧지만 의회의 모습을 나름 그려 보게 해주는 정보다. 비록 하늘에서 열리는 의회를 그린 것이지만 분명히 당시 아시리아 왕궁에서도 있을 법한 의회의 모습이 투영되었을 것이다.

구약성서에서도 하늘에서 하나님과 다른 천상의 존재들이 모여 '의논'하고 중대한 사안을 결정하는 것을 볼 수 있다. 기원전 9세기 북이스라엘의 왕 아합을 어떻게 하면 죽게 할 수 있을까가 하늘의 논의 사안이었다. 한 왕을 죽이는 거사이니 하늘에서 회의가 열릴 만하다.

> 주님께서 보좌에 앉으시고, 그 좌우 옆에는, 하늘의 모든 군대가 둘러 서 있는데, 주님께서 물으십니다. '누가 아합을 꾀어내어서, 그로 길르앗의 라못으로 올라가서 죽게 하겠느냐?' 그러자 그들은 '이렇게 하자' 또는 '저렇게 하자' 하며, 저마다 자기의 의견을 말하는데, 한 영이 주님 앞에 나서서 말합니다. '제가 가서, 그를 꾀어 내겠습니다.' 그러자 주님께서는 그에게 물으십니다. '그를 어떻게 꾀어내겠느냐?'

그러자 그는 대답합니다. '제가 거짓말하는 영이 되어, 아합의 모든 예언자들의 입에 들어가서, 그들이 모두 거짓말을 하도록 시키겠습니다.' 그러자 주님께서 말씀하십니다. '네가 그를 꾀어라. 틀림없이 성공할 것이다. 가서, 곧 그렇게 하여라'(왕상 22:19-22).

이 이야기도 하늘에서 벌어진 의회의 장면을 그리고 있다. 그리고 당시 고대 이스라엘 왕궁의 의회에서 진행되어질 법한 장면이다.

이 광경에서 의회의 의장은 높은 자리에 앉는다. 아마도 왕의 보좌일 것이다. 그리고 그 좌우에는 회의에 참여한 이들이 둘러서 있다. 의장이 가운데에 위치하고 그 주변에 회원들이 둘러서 있는 장면은 고대 서아시아는 물론 이스라엘 문헌에서 '의회'의 시작을 알리는 '전형적 장면'이다. 이 장면은 독자로 하여금 그 전형 문구가 암시하는 무언가를 미리 인지하고 기대 혹은 갈등하게 하는 문학적 기능을 한다. 위 본문 장면은 이 의회를 통해 무언가 중대한 일이 판결되고 심판받을 것이라고 기대하게 만든다.[14]

위 본문은 실제 당시의 의결 과정이 어떠했는지 짐작하게 하는데 지금 우리의 회의 모습과 크게 달라 보이지 않는다. 회원들이 저마다 의견을 제시하기도 하고, 의장 앞에 직접 나아가 자신의 의견과 의지를 피력하기도 한다. 그러고 나면 의장은 최종적인 승인을 한다. 꽤 민주적인 절차라 볼 수 있지 않을까? 최고 권력자이며 결정권자인 왕을 적절히 보좌하면서도 견제하는 역할을 하니, 당시 왕궁의 의회가 형식적으로나마 민주적이었다고 볼 수 있다. 그 옛날에 정말로 그러했겠는지 반문할 수 있지만 똑같은 질문을 현대 사회에도 던질 수 있다는 것을 상기하자.

고대 이스라엘에 이사야라는 유명한 예언자가 있었다. 남유다의 기원전 8세기 예언자였는데, 그가 보았던 환상 속에도 위의 회의 모습과 유사한 장면이 연출된다.[15]

웃시야 왕이 죽던 해에, 나는 높이 들린 보좌에 앉아 계시는 주님을 뵈었는데, 그의 옷자락이 성전에 가득 차 있었다. 그분 위로는 스랍들이 서 있었는데, 스랍들은 저마다 날개를 여섯 가지고 있었다. 둘로는 얼굴을 가리고, 둘로는 발을 가리고, 나머지 둘로는 날고 있었다. 그리고 그들은 큰소리로 노래를 부르며 화답하였다. "거룩하시다, 거룩하시다, 거룩하시다. 만군의 주님! 온 땅에 그의 영광이 가득하다."
······
그 때에 나는 주님께서 말씀하시는 음성을 들었다. "내가 누구를 보낼까? 누가 우리를 대신하여 갈 것인가?" 내가 아뢰었다. "제가 여기에 있습니다. 저를 보내어 주십시오." 그러자 주님께서 말씀하셨다. "너는 가서 이 백성에게 '너희가 듣기는 늘 들어라. 그러나 깨닫지는 못한다. 너희가 보기는 늘 보아라. 그러나 알지는 못한다' 하고 일러라. 너는 이 백성의 마음을 둔하게 하여라. 그 귀가 막히고, 그 눈이 감기게 하여라. 그리하여 그들이 볼 수 없고, 들을 수 없고 또 마음으로 깨달을 수 없게 하여라. 그들이 보고 듣고 깨달았다가는 내게로 돌이켜서 고침을 받게 될까 걱정이다." 그때에 내가 여쭈었다. "주님! 언제까지 그렇게 하실 것입니까?" 그러자 주님께서 대답하셨다. "성읍들이 황폐하여 주민이 없어질 때까지, 사람이 없어서 집마다 빈 집이 될 때까지, 밭마다 모두 황무지가 될 때까지, 나 주가 사람들을 먼 나라로 흩어서 이 곳 땅이 온통 버려질 때까지 그렇게 하겠다"(사 6:1-12).

전형적인 천상의회의 장면답게 가운데에는 보좌에 앉은 의장이 묘사되어 있고, 주변에는 천상의 존재들이 서 있다. 의장 하나님은 의제를 던진다. 백성들의 마음을 어둡게 하여 그들이 깨닫지 못하고 벌을 받게 하라는 매우 심각한 사안이다.[16] 이 일을 누가 가서 할 것인지 의장은 회원들에게 묻는다. 이때 예언자 이사야가 자원을 하며, 의장과 의논을 이어 간다. 한 백성의 운명을 좌우하는 심각한 사안이 의회에서 논해졌던 것이다.

이렇게 의회에서 의장과 회원들 간에 논의와 협의가 이루어지고 중요한 사안이 의결되는 장면은 서아시아 문헌에 무수히 많이 있다. 절대 권력자인 왕이 국가와 민족의 중요 사안을 결정할 때에 특히 의회가 등장한다. 이런 흔적은 적극적으로 보자면, 왕정이라는 전제 정치 아래에서도 권력자의 독단적 결정을 막고 되도록 공동체 전체의 이익이 반영되도록 행하여졌음을 의미한다. 물론 의회의 의원들도 대부분 기득권자이기 때문에 그들이 공동체 전체의 이익을 제대로 대변하였다고 단언하기는 어렵다. 그래서 소극적으로 보자면, 적어도 전제 권력자의 독단적 결단이 어리석은 결과를 낳지 않도록 보좌하고 조언을 하였던 의회가 있었음을 알려 주고 있다.

독단이 아닌 '민주적' 방식의 의결 정신은 구약성서에 의미심장한 구절을 남겨 놓았다. 다음과 같은 미스터리한 본문이다.

> 하나님이 말씀하시기를 "우리가 우리의 형상을 따라서, 우리의 모양대로 사람을 만들자. 그리고 그가, 바다의 고기와 공중의 새와 땅 위에 사는 온갖 들짐승과 땅 위를 기어 다니는 모든 길짐승을 다스리게 하자" 하시고(창 1:26).

창세기 1장은 하나님이 이 세상을 그의 권능으로 질서 있게 창조하셨다는 것을 선포한다. 유대-기독교의 유일신답게 그는 '홀로' 창조를 행한다. 그런데 돌연 위 구절에서 하나님은 '우리'라는 일인칭 복수 인칭 대명사를 사용하며 마치 누군가와 의논한 뒤 결정하여 인간을 창조하시는 것처럼 말한다. 이런 의아한 언급이 뒤에 몇 번 더 나온다.

> 주 하나님이 말씀하셨다. "보아라, 이 사람이 우리 가운데 하나처럼, 선과 악을 알게 되었다. 이제 그가 손을 내밀어서, 생명나무의 열매까지 따서 먹고, 끝없이 살게 하여서는 안 된다." 그래서 주 하나님은 그를 에덴동산에서 내쫓으시고, 그가 흙에서 나왔으므로, 흙을 갈게 하셨다(창 3:22-23).

하나님이 인간을 에덴동산에서 내쫓기로 결정할 때에도 '우리'로 칭한 다수의 존재와 이야기를 나누고 결단하신 것으로 보인다.[17]

하나 더 보자. 하나님은 홍수를 통해 죄악에 물든 인간들을 벌하셨지만(창 6-8장), 인간들은 여전히 정신 차리지 못하고 하늘에 도전하는 행위를 한다. 서로 단합하여 바벨탑을 쌓아 올린 것이다. 탑은 하늘을 찌르듯 올라가는 모양이다. 바벨탑 건축은 이 땅의 문명 활동이 하늘의 창조주를 향해 도전하는 모양새인 것이다. 즉 바벨탑은 인간 교만의 상징이다(창 11장). 탑이나 도시, 철기 문명은 고대 사회 최고의 인간 문명을 상징하며 성경과 초기 유대 문헌에 인간의 교만을 나타내는 표시로 자주 등장한다. 결국 하나님은 인간들이 서로 응집하지 못하도록 언어를 흩어 버리기로 결정한다. 흥미롭게도 여기에서도 하나님은 '우리'와 함께 의결하고 집행하신다.

> 주님께서 말씀하셨다. "보아라, 만일 사람들이 같은 말을 쓰는 한 백성으로서, 이렇게 이런 일을 하기 시작하였으니, 이제 그들은, 하고자 하는 것은 무엇이든지, 하지 못할 일이 없을 것이다. 자, 우리가 내려가서, 그들이 거기에서 하는 말을 뒤섞어서, 그들이 서로 알아듣지 못하게 하자." 주님께서 거기에서 그들을 온 땅으로 흩으셨다. 그래서 그들은 도시 세우는 일을 그만두었다(창 11:6-8).

이 '우리'는 정말 느닷없이 등장한다. 앞뒤 문맥 어디를 보아도 정말 뜬금없는 출현이다. 그래서 많은 학자들이 머리를 싸매어야 했다. 학자들 일부는, 주변 서아시아 민족들의 신화에서는 일반적이었던 다신론의 흔적이 이스라엘 고대 본문에도 남아 있는 것으로 본다.[18] 실제로 구약성서에 드러난 그들의 역사를 보면, 유일신 하나님만 제대로 섬겼던 적이 거의 없다. 정말 유일신 신념이 있기는 했을까 하는 생각이 들 정도다. 다시 말해서 위 구절들은 신들이 모여 중요한 결정을 내리는 천상의회를 그리는 것이며, 그 흔적이 성경에도 남아 있음을 반증한다는 것이다. 또 다른 의견으로, 어떤 문법학자들은 '우리'가 꼭 복수일 필요는 없고 일종의 '장엄복수'라 하여 왕 같은 이가 자기 자신을 복수로 부르는 경우라고 주장한다. 그리고 일부 학자들은 이 '우리'가 기독교의 성부, 성자, 성령의 삼위일체 하나님을 나타낸다고 믿기도 한다. 그러나 대체적으로 가장 큰 지지를 받는 주장은 하나님이 의회 가운데에서 다른 천상의 존재들과 함께 의논하고 의결하는 장면을 묘사한다는 의견이다.[19]

그렇다고 하여 구약성서가 하나님 외에 다른 신들의 존재를 인정하고 하나님과 같은 다수의 신들이 모여 회의를 여는 것을 일반적으로 받아들였다는 것은 아니다. 고대 이스라엘 사람들이 철저한 유일신 신념을 제대로 인식하지 못하였거나 거부하여 다신론적인 천상의회를 상상하였을 가능성이 매우 높다. 그러나 성경 본문이 형성되는 과정에서 그런 개념들은 철저한 유일신 사상에 의해 당연히 배제되고 희석되었다. 그래서 지금 구약성서에 기록된 대부분의 천상의회는 유일신 여호와 하나님이 의회의 의장으로 가운데에 계시고, 그 주변에는 다른 신들이 아닌 천사와 같은 천상의 존재들이 둘러 서 있는 모습이다(왕상 22:19-23; 단 7:9-14). 더 나아가 구약성서의 천상의회는 주변 민족의 다신론적 천상의회와는 달리 여호와 하나님의 유일신적 특성과 권위를 높이려는 의도를 가지고 기록되었다(출 15:11; 시 86:8).[20]

따라서 위에서 살펴본 창세기의 본문들은 하나님이 무언가를 결정하실 때에 독단적으로 하신 것이 아니라 천상에 있는 그의 의회에서 신중히 의논하고 결의한 후 실행에 옮긴 것이라고 볼 수 있다.[21] 그래도 여전히 남는 의문이 있다. 하나님의 여러 행위 중 왜 유독 위의 것에서만 '의논'하신 행위를 남겨 놓은 것일까? 유일신 사상에 맞추어 그들의 성경을 형성·발전시켰다면, 이와 같이 다신론적 오해가 있을 구절들은 제거하였을 수도 있었을 텐데 말이다. 위의 세 본문, 즉 창세기 1장 26절, 3장 22-23절 그리고 11장 6-8절은 창세기의 원역사 부분(1-11장)에 나타난 하나님의 다른 행위들과 비교하여 무엇이 특별하기에 다수와 '의논'하시는 장면을 남겨 둔 것일까?[22]

분명히 알 수 있는 건, 위의 세 본문이 모두 심각한 인간의 문제와 관련이 있다는 것이다.[23] 바로 인간의 창조와 타락, 죄에 관한 문제다. 사실 우주와 이 땅의 보편적 창조를 다루고 있는 창세기 1-11장의 실질적 주제는 인간의 타락이며, 이 중요한 문제와 관련하여 큰 결정을 내릴 때에는 하나님이 의회에서 다른 천상의 존재들과 의논을 한 것이다. 유일신적 정황의 이야기가 흘러가다가 느닷없이 나타나 독자를 당혹시키지만 이런 뜬금없는 출현 또한 문학적 고안으로 볼 수 있으며, 이는 인간 창조와 타락이라는 핵심 주제를 돋보이게 한다. 역시 하나님은 중요하고 심각한 인간의 문제를 독단적이지 않고 매우 신중하게 의논하신 후 결의하셨다는 것도 부각시킨다.

신학적으로 보자면 전지전능한 유일신이 자신의 결정을 누군가와 의논하며 그 의견에 조정과 견제를 받는다는 것 자체가 모순이다. 그러나 당시 이스라엘 사람은 물론 우리의 우매함을 생각해 본다면, 당시 왕궁 의회의 권위 있는 결의 과정과 같은 모습을 하나님이 천상의회에서도 보여 줌으로써 인간 창조와 타락이 얼마나 중대한 일인지를 탁월하게 부각시키는 성서적 기제라고 이해할 수 있겠다.

이러한 천상의회의 관찰은 역으로 당시 고대 이스라엘에 있었던 의회의 실질적 역할과 권위를 가늠하게 해준다. 하늘의 절대자이신 하나님도 중대한 사안은 의회에서 의논하셨던 것처럼, 당시 사회의 중대 사안은 다수가 모인 의회에서 다루어지고 결정되었다는 것이다. 이와 같은 해석은 고대 이스라엘 주변 민족의 문헌을 통해서도 넉넉한 지지를 받을 수 있다. 우주와 이 땅의 매우 중요한 사안들이 천상의회를 통해 의논되고 결의가 되는데 특히 '창조'가 그러하다.

바벨론의 유명한 창조 신화인 '에누마 엘리쉬'에서도 창조는 마르둑 신과 다른 여러 신들의 협의와 협력 속에 이루어졌다(Enuma Elish, Tab VI). 아슈르바니팔의 도서관에서 발견된 바벨론의 또 다른 창조 이야기는 직접적으로 이렇게 시작한다.

의회의 신들이 [만물을] 창조하였을 때에[24]

이렇게 고대 이스라엘의 창세기뿐만 아니라 주변 민족의 문헌도 모두 창조를 천상의회 안에서 이루어진 의논과 협력의 결과라고 말한다. 이는 신학적으로 신의 창조 행위에 객관적인 신뢰와 권위를 부여하는 것인데, 그만큼 '의회'가 당시에 공인된 기구였을 것이기 때문이다. 그래서 천상의회는 이스라엘을 포함한 서아시아에서 우주의 가장 권위 있는 의결 기구로서 등장한다.[25] 창조뿐만 아니라, 신들이나 인간에게 사법적 판결을 내릴 때, 왕과 같은 지도자를 선출할 때, 의회의 지도자를 칭송하거나 그를 중심으로 어떤 서약을 할 때 대부분 천상의회 안에서 이루어진다. 심지어 땅 위에 성전을 건축할 때에도 하늘의 의회에서 논의가 있었다.[26] 이와 같은 사안을 잘 열거한 바벨론의 한 기도문을 보자.

[주문] 에아, 샤마쉬 그리고 아살루히, 큰 신들은,
하늘과 땅에 판결을 내리고 운명을 결정짓는 이들이시고,
결정을 내리고 도시를 번영케 하시는 이들이시며,
왕좌가 놓일 단의 기초를 세우시고 그 터를 확정지으시는 이들이시며,

그 모양을 지으시고 그 터를 나누시는 이들이시며,

그 성소를 만드시고 제사를 정결케 하시는 이들이시며,

그 정결(의식)을 아시는 이들이시다. 그 운명을 결정하고 모양을

지으시는 것이 당신들의 손에 달렸도다. 생의 운명을

당신들만 결정하시고, 생의 모양을

당신들만 지으신다. 생의 결정들을 당신들만으로.[27]

고대의 신들도 중요한 결정은 독단이 아닌 의회의 의결 절차를 밟아 결정하였다. 유일신 사상이 절대적인 고대 이스라엘에서도 우주와 이 땅의 심각한 문제는 하나님이 논의하시는 모습이다. 눈여겨 보지 못하고 지나칠 뻔한 사실이지만 하늘나라도 꽤 민주적이다. 민주주의를 앙망하는 우리에겐 천국의 당연한 모습이려나?

법이 곧 정의는 아니다

살펴본 바와 같이 고대 이스라엘과 서아시아 의회들의 주요 행위는 매우 법적인 것이었다. 이를 두고 '민주주의'까지 운운하였지만 그들의 의회가 얼마만큼이나 사회 대다수의 권익을 대변하여 주었는지는 모를 일이다. 민주주의라는 체제를 지금 우리도 경험하는 터라 그 한계 또한 뚜렷이 보이기 때문이다. 이상적인 모습을 기대하기보다는 그 시대에도 꿈틀거렸던 공동체의 저항의지와 생명력을 경이롭게 살펴볼 뿐이다.

장로들과 의회가 그들이 속한 공동체 다수의 바람을 대표하는 것이라면 그 공동체 일원들의 생살 같은 모습도 남겨진 자료들을 통해 들여다볼 수 있지 않을까? 예를 들어 백성들이 자신들의 정당한 권익을 위해 벌인 항쟁이나 투쟁 같은 것 말이다. 이스라엘을 포함한 고대 서아시아에서 그런 기록을 찾아볼 수 있을까? 있기는 하지만 당시 역사 기록의 주체 또한 기득권자들이었기에 남겨진 기록이 드물거나 왜곡되었을 가능성이 높다. 그래도 몇 단편들을 살펴보면 이런 경우가 있었다. 부당한 법적 판결이 염려되자 시민들을 판결이 이루어지는 성전에 동원시켜 일종의 압박을 주어서 올바르게 판결이 이루어지게 하자는 목소리다.

……만약 당신이 재판 과정을 보장할 수 없다면, 그대 도시의 시민들에게 말하여 에아(Ea) 성전으로 가도록 하고 그래서 에아 성전이 올바른 규례에 따라 재판 과정을 진행하게 하시오.[28]

구바벨론 시대의 문헌이니 기원전 19~16세기 즈음의 기록이다. 시민들이 단체 행동을 통해 압력을 가하여 법정에서 정의가 올바르게 세워지도록 했다는 기록이다. 그 옛날에도 말이다![29]

유명한 마리 서신(Mari Letters)에도 주목할 만한 기록이 있다. 현 시리아에 있던 옛 도시 마리에서 발견된 서신들인데, 약 기원전 19~18세기의 문헌이다. 여기에 보면 200명의 군인들이 모여 어떤 마을의 중요 정책에 영향력을 행사하려 했다는 기록이 있다.[30] 물론 시민들과 군인들은 그 힘과 정치적 이해에 있어 큰 차이가 나기 때문에 주의하여 이해할 필요가 있겠다. 마리의 또 다른 서신에 의하면, 어떤 마을이 식량부족으로 큰 위기를 맞게 되자 짐리림(Zimri-Lim) 왕이 그 마을 지도자에게 마을 귀족들을 다 피신시킬 것을 권유

했다 한다. 그러나 그 마을의 지도자는 시민들이 분노할 것을 염려하였고 실제 어떤 부류의 사람들은 이에 크게 항거하였다고 한다. 결국 그 마을 지도자는 귀족들도 마을에 남겨두고 대신 문제를 조속히 해결해 보겠다고 하였다.[31]

구약성서 출애굽기에 나오는 이집트의 히브리 노예 반란과 탈출도 그 흔적 중 하나이다. 성경의 전승을 바탕으로 추정해 보면(왕상 6:1) 당시 이집트는 과거의 영광을 되찾은 신왕국 제18왕조였으며 뒤이어 황금기 제19왕조를 낳은 시기였다. 그리고 이들의 국력은 셈족 출신의 많은 용병들 혹은 노예들의 피땀으로 일군 것이기도 하였다. 이 가운데에 히브리 노예들도 있었던 것으로 보인다. 아쉽게도 이집트의 역사 기록에는 히브리 노예들의 반란이 명확한 기록으로 남아 있지 않다. 그러나 성경에 의하면 이집트는 히브리 노예에게 학정을 가했으며 그들의 신음을 여호와 하나님이 들으셨다.

> 주님께서 다시 말씀하셨다. "나는 이집트에 있는 나의 백성이 고통받는 것을 똑똑히 보았고, 또 억압 때문에 괴로워서 부르짖는 소리를 들었다. 그러므로 나는 그들의 고난을 분명히 안다"(출 3:7).

이 히브리 노예들을 학정으로부터 해방시키고, 그곳에서 벗어나 여호와를 섬길 수 있도록 이끌어 내라는 명령을 모세라는 인물이 하나님으로부터 부여받는다. 미디안의 목동이었던 모세는 전직 이집트 왕자였지만 태생이 히브리인이었던 복잡한 정체성의 인물이었다. 결국 모세를 중심으로 벌어진 히브리 노예의 집단 탈출은 자유와 권익을 향한 공동체 특정 부류의 집단행동이었던 것이다.[32] 모세는 노예 다수의 권익을 대변하며 당시 통치자에게 압력을 가하였던 '민주 투사'인 셈이다.

여기에서 히브리 노예들의 권익을 대변하고 당시 이집트 왕에게 압력을 행사했던 기구는 지도자 모세 한 사람뿐이었다. 그런데 뒤이어 공동체 전체를 대표하는 의회가 공동체의 수장에게 반기를 들고 압력을 가한 기록이 등장한다. 매우 공교롭게도 탈출한 히브리인들이 그들을 위해 싸웠던 지도자 모세에게 반기를 든 것이다. 그의 지도력에 불만을 품은 이들이 주도하였던 일이다.

> 이스할의 아들 고라가 반기를 들었다. 그는 고핫의 손자이며 레위의 증손이다. 엘리압의 아들인 다단과 아비람, 그리고 르우벤의 손자이며 벨렛의 아들인 온도 고라와 합세하였다. 그들이 모세를 거역하여 일어서니, 이스라엘 자손 가운데서 이백오십 명의 남자들이 합세하였는데, 그들은 회중(에이다)의 대표들로 총회(모에이드)에서 뽑힌 이들이었으며, 잘 알려진 사람들이었다. 그들이 모세와 아론에게 대항하여 모여서 항의하였다. "당신들은 분에 넘치는 일을 하고 있소. 온 회중(에이다) 각자가 다 거룩하고, 그들 가운데 주님께서 계시는데, 어찌하여 당신들은 주님의 회중(카할) 위에 군림하려 하오?"(민 16:1-3)

고라라는 인물이 정면에 나섰지만 고라와 함께 집단행동을 주도하였던 의회 '에이다'가 있음을 눈여겨 볼 필요가 있다. 반드시 그러하지는 않지만 '에이다'라는 회중은 백성 전체를 대표하는 지도자들 모임으로 자주 성경에 등장한다.[33]

'에이다' 외에도 다른 용어들이 등장하지만, '에이다'와 '카할'이 특화된 별도의 의미를 가졌다고 볼 필요는 없다. 성서 히브리어는 같은 의미를 서로 다른 단어들로 열거하는 경우가 매우 많다. 다만 특정 목적을 위해 특별히 구성된 권위 있는 의회를 가리키는 '모에이드'는 예외다.[34] 따라서 우리가 위 본문을 통해 알 수 있는 것은 상당히 공교한 과정을 거쳐 구성된 의회가 공동체 전체의 뜻을 대표하여 지도자 모세에게 저항하였다는 것이다.

물론 여기에서 주의해야 할 사안이 있다. 지금 모세가 이끌고 있는 히브리 공동체는 이집트를 탈출하여 광야를 떠돌고 있는 유목 집단에 지나지 않으며, 가나안 땅에 들어가 살면서 정착 문명의 행정 체제를 세우기 훨씬 이전 단계라는 것이다. 이들이 의회와 같은 구체적인 사회 기구를 지니고 있었다고 보기는 어렵다. 우리가 이전에 살펴본 사법적 의사결정 기구나 공동체의 권익을 대표하는 기구까지는 아니라는 것이다. 하지만 위 본문의 저작 시기가 사건 발생보다 훨씬 후대인 왕국기 행정체제를 경험한 이후였을 것이기 때문에, 모세에게 반역한 이 의회는 매우 구체적인 공동체 대표 기구로서의 의미를 담고 있다고 볼 수 있다. 다시 말해서, 의회는 공동체 일원들의 권익을 대표하여 자신들 사회의 지도자 혹은 통치자에게 압력을 가하거나 반기를 들기도 하였다는 것이다. 그런 사회적·역사적 경험을 위 본문은 분명히 반영하고 있다.[35]

의회가 공동체 일원 전체의 뜻을 앞세워 공동체 수장에게 꽤 큰 압력을 행사하였다는 증거는 성서 밖 다른 서아시아 문헌에서도 발견된다. 무려 기원전 21세기 즈음에 기록된 것으로 여겨지는 수메르의 전설적 이야기 '엔메르카르와 아라타의 왕'(Enmerkar and the Lord of Aratta)을 보면 흥미로운 장면을 만난다. 우룩(Uruk)이라는 도시의 지도자였던 엔메르카르는 아라타의 왕에게 사신들을 보내어 굴복할 것을 종용한다. 두 왕 간에 몇 차례 실랑이가 있은 후, 아라타의 시민들은 엔메르카르에 복종하기로 선언한다. 시민들의 목소리를 들은 아라타의 장로들도 시민들의 뜻에 따라 항복을 표명한다.[36] 장로들마저 이렇게 되자, 아라타의 왕은 매우 고통스러워한다. 시민들의 뜻을 표명한 장로들의 행위는 왕에게 적지 않은 정치적 압력이었던 것이다. 잘 버텨 왔던 왕은 아래와 같이 고통스러워하였다.

> (아라타의 왕은) 이 때문에 그의 방에 들어가 먹지도 않고 누워 있었다.
>
> 날이 밝자 그는 횡설수설하며
>
> 헛소리를 해댔다.
>
> 그는 마치 밀을 먹는 당나귀처럼 말을 더듬었다(390-94줄).[37]

이처럼 고대 사회에서도 시민들이 단결하여 행동을 하거나 뜻을 표명하면 도시 국가의 통치자도 크게 흔들렸다는 의미심장한 이야기가 곳곳에서 발견된다.

구약성서에도 유사한 기록이 남아 있다. 이미 살펴본 바 있듯이 사사 시대 말기, 이스라엘의 장로들은 민족의 대지도자 사무엘에게 찾아와 이스라엘을 위한 왕을 세워 달라고 호소한다(삼상 8:1-5). 왕이 없던 그 시대에 사무엘이 예언자, 제사장, 사사로서의 기능을 모두 행사했던 만큼, 사실 비공식적 왕과 다름없는 지도자였다. 장로들의 뜻에 마음이 상한 사무엘은 하나님께 기도하였고 하나님은 이와 같이 대답하신다.

> 주님께서 사무엘에게 말씀하셨다. "백성이 너에게 한 말을 다 들어 주어라. 그들이 너를 버린 것이 아니라, 나를 버려서 자기들의 왕이 되지 못하게 한 것이다"(삼상 8:7).

하나님은 사무엘에게 '백성'이 한 말을 들어주라고 하신다. 실제로는 장로들이 와서 전했지만, 장로들은 백성의 목소리를 대변하였다는 것이다.

> 사무엘은 왕을 세워 달라고 요구하는 백성들에게, 주님께서 하신 모든 말씀을 그대로 전하였다(삼상 8:10).

여기에서도 왕을 세워 달라고 요구한 주체가 백성임이 드러난다. 이 구절에 장로들이 직접 등장하지는 않지만, 사무엘은 백성을 대표하는 장로들을 통하여 자신의 뜻을 백성들에게 전달하였을 것이다.

이렇게 시민 혹은 백성의 단체 행동은 당시 공동체의 의사결정 과정에 큰 압력을 행사할 수 있었으며, 장로들이나 의회는 공동체 전체의 뜻을 등에 업고 통치자에게 공동체를 대변하여 압력을 가할 수 있었다. 물론 장로들과 의회가 순수하게 '민주적' 가치를 추구하며 공동체 다수의 뜻을 대변한 것은 아닐 것이다. 이미 살펴본 바 있듯 기원전 8세기의 이스라엘 예언자들은 성문에서 벌어지는 불의한 법적 결정에 통탄하였다. 장로들이나 의회는 나름의 전통과 권위를 이

용해 변질된 행위도 하였을 것이다.

왕정체제 속에서 의회가 할 수 있는 가장 큰 행위는 왕권에 영향력을 미치는 것이다. 메소포타미아의 많은 천상의회 관련 기록을 보면 왕 자체를 의회가 선출하기도 하고 심지어 왕권을 거두어 버리기도 한다. 신들의 왕권뿐만 아니라 인간 세계의 왕권도 이 천상의회가 관할하는 것처럼 기록되어 있다.[38] 신화 속 이런 기록은 분명히 인간 세계의 현상을 반영하는 것이리라 본다.

그 유사한 영향력을 성서에서 발견할 수 있다. 솔로몬 왕이 죽고 난 후 아들 르호보암이 왕위를 계승할 단계에 이르렀다. 이때 흥미로운 일이 벌어지는데, 르호보암이 왕으로 세움 받기 위해 북쪽에 있는 도시 세겜을 방문한다.

> 온 이스라엘이 르호보암을 왕으로 세우려고 세겜에 모였으므로, 르호보암도 세겜으로 갔다(왕상 12:1).

왜 세겜에 가야만 했을까? 그의 아버지 솔로몬은 예루살렘을, 할아버지 다윗은 남쪽 헤브론을 배경으로 성장한 인물이다. 북쪽은 다윗의 정적 사울의 근거지이고 남쪽과 끊임없이 갈등을 일으켰던 지역이기도 하다. 다윗이 북쪽마저 흡수하여 통일왕국을 일으켰지만, 거기에는 모종의 협약이 있었을 것으로 보인다(삼하 5:3).[39] 남쪽세력이 득세하여 왕가를 이루었지만 북쪽의 눈치를 상당히 봐야 했던 실정인 것이다. 이때 마침 솔로몬의 북쪽 지역 학정에 반기를 들었던 여로보암이 등장한다. 혼자 나오지 않고 북쪽 지역의 의회와 함께 르호보암을 찾아온다.

> 사람들이 여로보암을 불러내니, 그가 이스라엘의 모든 회중(카할)과 함께 르호보암에게로 가서, 이렇게 말하였다(왕상 12:3).

위 구절의 '이스라엘'은 특별히 북쪽 지역을 가리키는 말이다. 왕위로 오르려는 르호보암이 가서 마주친 것은 아버지 솔로몬에게 반기를 든 인물과 북쪽 지역의 의회였다. 그리고 이들은 새롭게 왕위에 오를 왕에게 감히 정책적 변화를 요구한다.

> "임금님의 아버지께서는 우리에게 무거운 멍에를 메우셨습니다. 이제 임금님께서는, 임금님의 아버지께서 우리에게 지워 주신 중노동과 그가 우리에게 메워 주신 이 무거운 멍에를 가볍게 해주십시오. 그러면 우리가 임금님을 섬기겠습니다"(왕상 12:4).

결과적으로 르호보암은 북쪽 의회의 요구를 거절한다. 그리고 북쪽은 새로운 왕 르호보암을 대담하게 무시하고 자기들만의 왕을 세워 나라를 가르고 만다.

> 이 무렵에 온 이스라엘 백성은 여로보암이 돌아왔다는 소식을 듣고서, 사람을 보내어 그를 총회(에이다)로 불러 왔으며, 그를 온 이스라엘을 다스리는 왕으로 추대하였다. 그리하여 유다 지파만 제외하고는, 어느 지파도 다윗 가문을 따르지 않았다(왕상 12:20).

의회의 정치적 힘을 실감하게 해주는 이 기록이 성서에 뚜렷이 남아 있다. 의회는 한 지역을 대표하여 왕의 등극에 정치적 압력을 가할 만한 위세를 지녔다. 오죽하면 왕이 직접 세겜을 방문하여 그 지역 의회를 만났을까. 그들은 새로 뽑힌 왕을 거부하고 자기들만의 왕을 세우기까지 하였다.

의회는 이렇게 백성들의 목소리를 정계의 지도자나 기득권자들에게 전달하고 항변하였으며 항거하고 반기를 들기도 했다. 공동체의 정의는 행정 체제가 세워지고 법이 만들어졌다고 해서 저절로 세워지는 것이 아니다. 다시 말하지만 법이 곧 정의는 아니다. 법은 정의롭게 세워야 한다. 그런데 누가? 누가 법을 정의롭게 세워야 할까?

'이태원 살인 사건'의 피해자 조중필 씨의 어머니 인터뷰를 뉴스에서 본 적이 있다. 1997년 4월 3일 밤 10시경, 이태원에 있는 한 음식점 화장실에서 당시 23세였던 조중필 씨가 흉기로 아홉 번이나 찔려 살해된 사건이 있었다. 유력한 두 용의자는 한국계 미국인이었다. 둘 중 하나가 범인인 것이 분명했는데, 살해 목적은 그냥 재미 삼아였다. 법이 대체 어떻게 적용되었는지 모르겠지만, 잡혀갔던 두 명 모두 증거불충분 등으로 풀려나고 지난 10여 년 동안 그들은 자유롭게 돌아다녔다. 재미 삼아 한 젊은이를 죽인 이가 말이다. 대체 '법'은 뭘 한 걸까? 아니 법을 그렇게 적용한 이들은 대체 누구일까?

어처구니없게도 사법 당국의 실축으로 유력한 용의자가 미국으로 도주해 버렸다. 이런 일을 지난 10여 년 동안 속 태우며 지켜보아야만 했던 피해자 조중필 씨의 어머니는 단 하루라도 다리를 펴고 잠자리에 들 수 있었을까? 목에서 피를 뿜으며 차가운 화장실 바닥에 쓰러진 아들을 생각하면 말이다. 다행히 우리 공동체는 그 분노의 고함 소리를 멈추지 않았다. 지난 18년 동안 공중파 방송에서 적어도 네 번 이상 이 사건을 구체적으로 다루었다. 영화가 만들어지기도 했다. 결국 용의자를 미국으로부터 소환해 재판하였고, 18년 만에 이 사건의 진범은 그 죗값을 치르게 되었다. 그리고 그 어머니는 인터뷰에서 이렇게 말을 남겼다.

"우리 같은 힘없는 국민들이 좀 힘을 합해서 법도 바로 서게 하고 (대법원 판결까지) 같이 해줬으면 좋겠어요. 국민들에게 감사해요, 진짜…"(SBS 8시 뉴스, 2016년 1월 30일)

위 어머니의 경험에 의하면 법은 누군가가 세워야 한다. 그 누군가는 검찰이 아니라 공동체 일원 전체이다. 우리 일원들 대다수는 사회의 기득권자가 아니기에 어머니의 말처럼 힘이 없다. 하지만 우리는 다수다. 그래서 우리가 없는 힘을 합해야만 한다고 아들 잃은 이 어머니는 말한다. 법은 사법 당국이 판단하고 결정내리는 것이 아니다. 우리가 '바로 서게' 하여야만 하는 것이다. 법을 그냥 내버려 두지 말아야 한다. 우리가 힘을 합하여 법을 바로 세워야 하는 것이다.

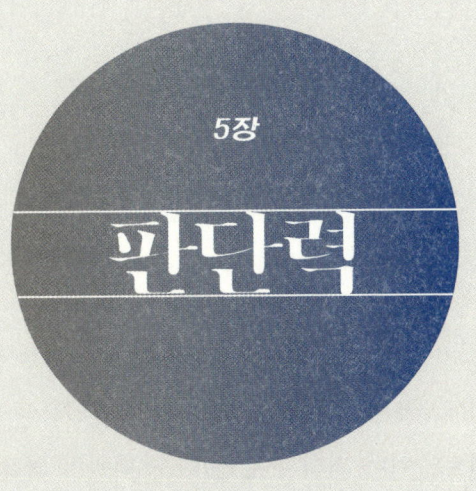

5장

판단력

복수의 증언으로 판단하라

고대 사회에서도 민주적 앙망과 행위가 있었음을 지금까지 보았다. 그리고 장로들이나 의회와 같은 다수 회원의 의결 기제가 그 민주적 정신을 실행하였음을 볼 수 있었다. 이제는 구체적으로 의회의 의결 과정이 어떠했는지 살펴보자.

사건이 발생하여서 문제 상황을 의회가 조사할 때에, 가장 중요한 단서는 무엇일까? 예를 들어 원한으로 인한 폭력 혹은 살인 사건이 있었다고 해보자. 가해자가 피해자를 미워했다든지 평소에 원한이 있었다든지 이런 정황을 어떻게 판단할 수 있었을까? 법정 드라마를 즐겨 보는 분들은 잘 아시겠지만 바로 '증언'이다. 특히 지금과 같은 과학적 수사 도구들을 통해 지문이나 혈흔, 유전자 등을 찾을 수 있는 때가 아니었기 때문에 누군가의 증언은 매우 유용한 정보였다. 어떤 증언이 나왔느냐가 한 범죄자의 고의성 여부를 판단하는 데에 결정적 역할을 했다. 이는 범죄자의 생사와도 직결될 수 있었다. 그래서 성경은 이 중요한 '증언'에 대해 경고를 한다.

> 어떤 잘못이나 어떤 범죄라도, 한 사람의 증언만으로는 판정할 수 없습니다. 두세 사람의 증언이 있어야만 그 일을 확정할 수 있습니다. 남에게 죄를 뒤집어씌우려는 나쁜 증인이 나타나면, 소송을 하는 양쪽은 주님 앞에 나아와, 그 당시의 제사장들과 재판관 앞에 서서 재판을 받아야 합니다. 재판관들은 자세히 조사한 뒤에, 그 증인이 그 이웃에게 거짓 증언을 한 것이 판명되거든, 그 증인이 그 이웃을 해치려고 마음먹었던 대로 그 이웃에게 갚아 주어야 합니다. 그래서 당신들 가운데서 그런 악의 뿌리를 뽑아야 합니다. 그러면 남은 사람들이 이 말을 듣고 두려워하여서, 이런 악한 일을 하는 사람이 당신들 가운데서 다시는 생기지 않을 것입니다(신 19:15-20).

> 누구든지 사람을 죽인 사람은 살인자이므로, 반드시 죽여야 한다. 그러나 거기에는 증인들이 있어야 한다. 오직 한 증인의 증언만으로는 어느 누구도 죽이지 못한다(민 35:30).[1]

반드시 복수의 증언을 가지고 사건을 판단하라는 것은 타당한 말이다. 그리고 거짓 증언이 있었다면 이는 용서받지 못할 악으로 규정되었다. 위증죄는 지금에 비하여 더 무겁게 처벌받았다. 당시 법정에서는 그만큼 증언에 대한 의존도가 높았고 결정적이었기 때문이다. 살인 사건과 관련하여 살해자를 처형하여야 할 경우 신중에 신중을 기하려 했던 증거가 여기에 있다. 정의 가치를 실현하려는 지금 시대의 공동체 정신과 같은 맥락이다.

사법적 의사 결정을 해야 할 의회의 경우에만 해당되겠지만, 이 본문은 당시 의회의 의사 결정 과정 중 한 절차인 '증언'에 대하여 알려 준다. 판결에 최대한 공정을 기하고 최선의 결과를 맺기 위한 민주적 정신을 발견할 수 있다. 때문에 거짓 증언은 고약한 범죄다. 까딱하면 합법적으로 사람 하나를 억울하게 죽일 수 있기 때문이다. 법적 판결에 최선의 결과를 유출하기 위해 만들어진 규정은, 사실 그 규정을 '악용'하여 더 무서운 범죄를 야기할 수도 있는 것이다. 그래서 십계명에도 거짓 증언에 대한 경고가 등장한다(출 20:16; 신 5:20). 이는 법치에 대한 당시 이스라엘 사회의 몰입도를 반영한다. 성서의 다른 곳도 거짓 증언을 경고한다.

> 너희는 근거없는 말을 해서는 안 된다. 거짓 증언을 하여 죄인의 편을 들어서는 안 된다. 다수의 사람들이 잘못을 저지를 때에도 그들을 따라가서는 안 되며, 다수의 사람들이 정의를 굽게 하는 증언을 할 때에도 그들을 따라가서는 안 된다. 너희는 또한 가난한 사람의 송사라고 해서 치우쳐서 두둔해서도 안 된다(출 23:1-3).[2]

이 출애굽기의 구절들은 모두 사법적 판결을 내리는 의회를 배경으로 하고 있다. 아마도 성문 앞에서 벌어지는 '법정'의 모습일 것이다. 눈에 띄는 내용이 있는데 바로 '다수'로 인한 판결이다. 다수결은 지금의 민주적 절차에서 절대적으로 응용되는 의결 기제이지만 위 구절은 다수의 의견이라 하더라도 옳지 않다면 저항해야 한다고 말한다. 이런 내용 뒤에는 당시에 '다수결'에 의한 판단이 실제로 존재하였음을 반증한다고 볼 수 있다. 지금 우리네 사회의 선거처럼 당시에도 어떠하든지 다수를 동원하고 선동하여 부정한 것도 의결하려는 시도가 있었음을 알려 준다. 동시에 위 본문은 동정심이 발동하여 왜곡된 증언을 하는 것도 경고한다(레 19:15; 참조. 신 1:17). 몇 줄 안 되는 자료이지만 당시 사회도 민주적 절차와 그 방식에 대해 축적된 경험과 반성이 있었음을 보여 주고 있다.

아래 사건은 왜 그런 반성이 있을 수밖에 없었는지 알게 해준다. 실제 왕국기의 한 사법 절차 속에서 발생한 문제다.

> 그런 다음에, 이세벨은 아합의 이름으로 편지를 써서, 옥쇄로 인봉하고, 그 편지를 나봇이 살고 있는 성읍의 원로들과 귀족들에게 보냈다. 그는 편지에 이렇게 썼다. "금식을 선포하고, 나봇을 백성 가운데 높이 앉게 하시오. 그리고 건달 두 사람을 그와 마주 앉게 하고, 나봇이 하나님과 임금님을 저주하였다고 증언하게 한 뒤에, 그를 끌고 나가서, 돌로 쳐서 죽이시오." 그 성 안에 살고 있는 원로들과 귀족들은, 이세벨이 편지에 쓴 그대로 하였다. 그들은 금식을 선포하고, 나봇을 백성 가운데 높이 앉게 하였다. 건달 둘이 나와서, 그와 마주 앉았다. 그리고 그 건달들은 백성 앞에서 나봇을 두고, 거짓으로 "나봇이 하나님과 임금님을 욕하였다" 하고 증언하였다. 그렇게 하니, 그들은 나봇을 성 바깥으로 끌고 가서, 돌로 쳐서 죽인 뒤에, 이세벨에게 나봇이 돌에 맞아 죽었다고 알렸다(왕상 21:8-14).

왕 아합과 왕비 이세벨이 한 지방에 불의한 사법적 영향력을 행사하고 있는 장면이다. 그들의 편지는 성읍의 장로(원로)와 귀족에게 보내어졌다.³⁾ 누군가를 재판하고 판결을 내리는 데에는 여전히 장로들이 참여하는 모습을 볼 수 있다. 앞에서 살펴본 정체 불분명의 재판관이나 장로들이나 별반 다른 사람들은 아니었을 것이다. "백성 가운데에 높게 앉게 하였다"는 표현은 의회가 구성되고 열렸다는 것을 말한다. 사안은 왕과 하나님을 저주한 것이며, 이는 사형감이다(레 25:15-16; 출 22:28). 하지만 앞에서 인용한 본문들에서 보았듯이 사형은 반드시 두 명 이상의 증인이 요구된다. 신중한 사안에 대한 공정한 해결을 꾀하고 있다. 그러나 권력의 남용은 공동체의 이상을 쉽게 파괴하고 말았다. 앞에서도 한 번 말하였듯이 당시에는 사법적 정의를 왜곡하는 '뇌물'이 있었다. 여기서도 마찬가지였다. 증인 하나로는 부족하지만 증인을 둘만 만들면 무고히 그러나 절차상 하자 없이 사람을 죽일 수 있는 것이다.⁴⁾ 그래서 위 출애굽기 23장 1-3절이 다수결에 대한 고민을 하는 것이다. 역시 법은 그 자체로서 정의로울 수 없다. 법은 사람들에 의해 '바로 세워져야' 정의로울 수 있는 것이다.

사법적 의회에서 누군가의 생명과 직결된 증언을 하는 것은 참으로 무겁고 신중한 일이 아닐 수 없다. 혹시 모를 착오 때문에 발생할 불상사를 방지하기 위해서 절대 하나의 증언만으로는 판단할 수 없게 하였다. 더 나아가 사람을 사형에 이르게 할 증언일 경우에는, 증인이 직접 사형을 집행하도록 임무를 부여받는다.

> 그런데 사람을 죽일 때에는 한 사람의 증언만으로는 죽일 수 없으며, 두세 사람의 증언이 있어야 합니다. 죽일 때에는 증인이 맨 먼저 돌로 쳐야 하고, 그 다음에 모든 백성이 뒤따라서 돌로 쳐야 합니다. 그렇게 하여, 이런 악한 일을 당신들 가운데

서 뿌리를 뽑아야 합니다(신 17:6-7).[5]

　견고한 확신과 함께 공동체적 공분이 끓어오르지 않으면 사형 선고까지 가능한 증언을 하는 것이 힘들 것이다. 그 당시 한 마을은 대부분 친족관계로 얽혀 있었을 것이며 지금의 도시와는 다르게 서로가 서로를 잘 아는 자그마한 사회였다. 위 본문은 그런 환경 속에서 정말로 사형을 받을 만한 범죄자만 가리려는 법적 장치인 것이다. 범죄자로부터 심한 위협을 느끼거나 공동체의 일원으로서 '사명'까지 생기지 않으면 쉽게 증언하고 돌을 들지는 못할 것이다. 위 본문은 악을 뿌리 뽑자는 취지와 함께, 공동체 일원의 생명과 인권을 쉽게 유린하지 못하게 하는 취지도 있다. 그래서 "누구든지 증인 선서를 하고 증인이 되어서, 자기가 본 것이나 알고 있는 것을 사실대로 증언하지 않으면 죄가 되고, 그는 거기에 대하여 책임을 져야 한다"(레 5:1).

　이처럼 증언은 매우 중요하다. 증언은 공동체의 문제이기 때문이다. 내가 아닌 이웃을 위해 하는 행위이며, 이런 공동체 정신을 상실하고 변질시키면 자기가 되갚음을 받아 마땅하다(신 19:18-20). 자기의 증언은 또 다른 사람의 목숨에 결정적 영향을 미치기 때문이다.

　위에서 살펴본 무시무시한 증언 말고 다른 증언도 있다. 마찬가지로 다른 사람의 삶에 결정적 영향을 미치는 일이다. 이방 여인을 아내로 맞게 될 보아스는 당시 복잡한 연혼제나 속량법을 근거로 보자면 다소 불리한 위치에 있었다.[6] 그는 어렵게 이 일을 성사시키면서 혹시라도 마을 안에서 잡음이 될까 염려가 되었는지 마을 의회에 의뢰하여 확정을 받는다.

> 그러자 보아스가 원로들과(장로들과) 온 마을 사람들에게 선언하였다. "여러분은 오늘 이 일의 증인입니다. 나는 엘리멜렉이 가지고 있던 모든 것과, 기룐과 말론이 가지고 있던 모든 것을 나오미의 손에서 사겠습니다. 나는 말론의 아내인 모압 여인 룻도 아내로 맞아들여서, 그 유산이 고인의 이름으로 남아 있도록 하겠습니다. 그렇게 하여, 고인의 이름이 그의 고향 마을에서도 끊어지지 않고, 친족들 사이에서도 끊어지지 않도록 하겠습니다. 여러분은 오늘 이 일의 증인입니다." 그러자 성문 위 회관에(성문 앞에) 모인 온 마을 사람들과 원로들이(장로들이) 대답하였다. "우리가 증인입니다. 주님께서, 그대의 집안으로 들어가는 그 여인을, 이스라엘 집안을 일으킨 두 여인 곧 라헬과 레아처럼 되게 해주시기를 빕니다. 에브랏 가문에서 그대가 번성하고, 또한 베들레헴에서 이름을 떨치기를 빕니다(룻 4:9-11).

위 본문에서 '증인'이라는 말에 해당하는 히브리어는 '증인' 혹은 '증언하다'라는 말에 해당하는 앞선 히브리어와 동류이다. 위 룻기의 이야기처럼 남을 행복하게 해주는 데에도 '증언'은 응용되었다. 공동체 정신이 만들어 낸 선한 의도의 행위이다.

의회의 증언은 이렇게 결정적이고 신중하며 확실한 의결 절차 과정이다. 고대 서아시아의 히타이트 문헌들은 이와 관련하여 흥미로운 자료를 많이 남겼다. 그들의 외교 관련 문헌들을 보면 계약 체결이나 규약 선언을 할 때에 신들이 '증인'으로 참여하곤 한다.[7] 약 기원전 16세기의 문헌이다.

내가 이 맹서를 위하여 일천 신(the Thousand Gods)을 소집하였는데 그들의 증언을 위해 불렀다. 그들은 증인들이 될 것이다.[8]

이 조약에 관하여, 우리는 비밀의 신들과 맹서의 보증자인 신들을 소집하였다. 그들은 서서 듣고 증인이 될 것이다.[9]

    히타이트 여러 문헌들이 보이는 큰 특징 중 하나가 신들과 인간 간 관계가 매우 친밀하다는 것이다.[10] 신들의 영역과 인간의 세계가 자유롭게 융합되기도 한다. 위 두 구절에서도 볼 수 있듯이 인간 간의 외교 조약 체결을 위하여 신들을 인간이 소집한다. 그리고 신들은 그들 간의 증인이 되어 준다. 이는 당시 고대 서아시아 지역에서 '증언'이 의회의 의결에 얼마나 비중 있는 절차였는지 반증한다. 신이 증인이 된다는 것은 그 사안에 절대적 권위를 부여한다. 특히 위의 두 번째 구절의 '증인'은 아카드어 원어를 보면 '장로'라는 뜻이다.[11] 위에서 인용한 구약성서 룻기에서도 장로들이 보아스를 위하여 의회에서 증인이 되어 주는 것을 볼 수 있었다. 이 또한 의회 절차에서 증언이 가지는 중요성을 보여 준다.
    마침 성서에도 하나님이 증인으로 나서신다는 표현이 있다. 어느 날 라반은 사위 야곱과 그에게 시집간 어여쁜 두 딸을 내어 보내게 되었다. 야곱을 데릴사위처럼 데리고 있으면서 딸들을 가까이서 볼 수 있었는데 이제는 떠날 때가 된 것이다. 하기야 라반 입장에서 데릴사위이지 야곱 입장에서는 거의 노역혼(勞役婚)이었다. 어느 누구에게도 잔머리 굴리기에는 뒤지지 않을 야곱이지만 그도 질 때가 있었다. 사랑에 빠졌을 때였다. 그 집 딸과 연분에 빠지자 알면서도 라반의 계략에 빠질 수밖에 없었을 것이다. 이를 이용하여 라반은 야곱을 오래도록 붙들고 있었다. 하지만 이제 떠나게 되자 라반의 맘이 불안해졌다. 아무래도 사위를 너무 부려먹었나 싶었나 보다. 급하고 초조하자 하나님도 찾고 야곱에게 이렇게 엄포도 놓는다.

라반이 말하였다. "이 돌무더기가 오늘 자네와 나 사이에 맺은 언약의 증거일세." 갈르엣이란 이름은 바로 여기에서 유래한 것이다. 이 돌무더기를 달리 미스바라고도 하는데, 그것은 라반이 "우리가 서로 떨어져 있는 동안에, 주님께서 자네와 나를 감시하시기 바라네" 하고 말하였기 때문이다. "자네가 나의 딸들을 박대하거나, 나의 딸들을 두고서 달리 아내들을 얻으면, 자네와 나 사이에는 아무도 없다고 하더라도, 하나님이 자네와 나 사이에 증인으로 계시다는 것을 명심하게"(창 31:48-50).

하나님이 증인이 되시면 이와 같은 이점이 있다. 언약의 당사자와 같이 있지 않아도 언제 어디서나 계시는 하나님이 증인으로 지켜보신다는 것이다. 야곱은 이 언약을 지켰다. 딸들을 박대하지도 다른 아내를 얻지도 않았다. 실은 야곱이야말로 그의 인생에서 하나님이 언제 어디서나 자기를 지키고 보호하신다는 것을 몸소 체험한 인물이었다. 라반의 집에 와 고생하기 전, 하나님은 야곱에게 이렇게 약속하신 적이 있다.

내가 너와 함께 있어서, 네가 어디로 가든지 너를 지켜 주며, 내가 너를 다시 이 땅으로 데려 오겠다. 내가 너에게 약속한 것을 다 이루기까지, 내가 너를 떠나지 않겠다(창 28:15).

고향 땅을 떠나 라반의 집에 살면서 우여곡절 인생길을 걸었던 야곱은 위 언약처럼 하나님이 항상 이 땅을 지켜보고 계심을 확실히 체험하였다. 그래서 하나님이 증인이시기에 야곱은 철저하게 그 언약을 지켰다. 더불어 아내 둘에 그 몸종 둘도 아내로 두었으니 야곱이 그 이상 욕심부릴 일도 없었을 게다. 이들만으로도 야곱은 여인들의 질시 속에 충분히 지쳐 있었다. 야곱은 가정의 평화를 위해 아내들의 지시에 따라 밤마다 이 방 저 방에 몸을 맡길 수밖에 없었던 '노역'을 하였다(창 30:1-2, 14-16).

백성들과의 실랑이 끝에 신경이 날카로웠던 사무엘도 백성들에게 엄포를 하여야겠다고 생각했나 보다. 하나님이 왕이신데도 자꾸 인간을 왕으로 세워 달라는 백성들 때문에 사무엘은 자괴감에 빠졌다. 하나님의 대리인으로서 백성을 잘못 지도한 것 같은 자괴감 말이다. 게다가 두 아들은 망나니짓을 하고 다니니 아비 망신, 하나님 망신이 아닐 수 없고 장로들이 찾아와서는 걸핏하면 자기 보고 늙었다고 한다(삼상 8:1-6). 후에 인간을 왕으로 세운 사무엘은 고별사를 하면서 한참 헛다리 짚고 있는 백성들을 향해 엄중하게 선포한다. 나라의 지도자가 되었지만 돈만 밝히고 재판을 공의롭지 못하게 행하는 두 아들 때문이었는지 우선 자신의 청렴결백부터 선포한다. 그리고 이를 백성들도 인정하자 다음과 같이 도장을 찍는다.

> 사무엘이 그들에게 말하였다. "당신들이 나에게서 아무런 잘못도 찾지 못한 것에 대하여 오늘 주님께서 증인이 되셨고, 주님께서 기름부어 세우신 왕도 증인이 되셨습니다." 그러자 온 백성이 "그렇습니다. 주님께서 우리의 증인이 되셨습니다!" 하고 대답하였다(삼상 12:5).

하나님이 증인이시라면 그 어느 누구도 감히 사안을 뒤집거나 거짓말을 쉽게 못했을 것이다. 고대 이스라엘과 서아시아에서는 의회 안에서 이루어지는 증언이 한 사람의 생명을 좌지우지할 만큼 중대하고 준엄한 것이었다. 때문에 거짓 증언에 대한 무서운 경고도 함께 남아 있다. 하나님이 우리의 증인이시라는 말은 이런 무게감을 느껴야 하는 고백이다.

지금 현대 사회에서, 보이지도 않고 만져지지도 않는 하늘의 신이 우리의 모든 말과 행동, 사건들의 증인이라고 믿을 자가 몇 명이나 될까? 심지어 믿는 신앙인들도 그렇게 여기고 하늘을 두려워하며 철저히 살아가는 이들이 얼마나 될까? 그래서 지금 우리가 사는 사회에는 구석구석마다 하늘의 신을 대신할 무수히 많은 폐쇄회로 카메라를 모셔 뒀나 보다.

신이 있던 곳에선 사람의 증언도 가볍지 않았다. 증언을 하는 사람도 증언을 듣는 사람도 가슴 졸이며 들었던 것이, 하나님 앞에서 증언하는 인간의 말이었다. 그러나 신이 없는 곳에선 사람의 증언은 다시 확인하고 또 확인해 보아야 할 일이다. 거짓말 탐지기와 폐쇄회로 카메라의 증언을 더 가슴 졸이며 들어야 한다.

인간의 변호인

 2013년 8월 16일, '악마의 변호사'라 불리는 프랑스의 악명 높은 변호사 자크 베르제(Jacques Vergès)가 세상을 떠났다. 문제적 인물로서 우리에게 의미 있는 족적을 남긴 이다. 그는 왜 악마의 변호사일까? '악마' 같은 이도 변호해 줄 것이 있다는 것일까? 그의 이야기는 잠시 후에 다시 해보자.
 기원전 15세기경에 기록된 슬픔의 노래가 하나 있다. 고대 메소포타미아 지역에 있던 수메르의 도시국가 우르(Ur)의 멸망을 애곡하는 노래다. 이 노래는 말하기를 하늘의 천상의회가 그 멸망을 의결하였다고 한다. 그러자 닝갈(Ningal)이라는 여신이 의회에서 울며 아래와 같이 '호소'하였다.

아누를 향하여 내 눈의 눈물을 나는 진정 쏟았다.

엔릴을 향하여 나는 개인적으로 애원을 하였다.

'나의 도시가 파괴되지 않게 해주세요,' 진정 나는 그들에게 말했네.

'우르가 파괴되지 않게 해주세요,' 진정 나는 그들에게 말했네.[12]

의회에 서서 그 결정을 돌이킬 수 있도록 호소하였지만 받아들여지지 않았고 결국 그 도시는 결정대로 멸망당하고 만다. 위 내용은 천상의회에 대한 당시 고대인들의 믿음을 보여 준다. 국가의 흥망성쇠와 같은 역사적 사건은 하늘에서 열리는 신들의 의회를 통해 결정된다는 것이다.[13] 그런데 여기서 또 다른 사실에 주목하여 보자. 고대 서아시아 의회에서는 결정 사안을 번복할 목적으로 '호소'하는 일이 허용되었다는 것이다. 지금으로 보자면 법원에 전정서나 호소문을 보내는 격이라 할 수 있다.

위 메소포타미아의 문헌이 한 도시의 운명을 놓고 호소했다면, 우가릿에서 발견된 비슷한 시기의 문헌 하나에서는 바알 신이 신들의 모임에서 왕 케렛(Keret)을 위해 호소하는 일이 기록되어 있다.[14] 신들이 모여 잔치를 하는 자리이긴 하지만 당시 고대 서아시아 전통에서는 그와 같은 연회 자리가 중요한 결정을 내리는 의회 자리이기도 했다.[15] 한 왕의 일생일대 사안을—여기에서는 아들을 얻는 문제—어느 특정 신이 대변하고 호소하여 긍정적인 결정을 이끌어 내었다. 결국 케렛 왕은 바알 신이 의회에서 행한 호소로 인해 아들을 갖게 되었다.

기원전 7세기 신아시리아 제국의 한 문헌에는 좀더 확실하게 누군가를 의회에서 대변하고 중재하는 역할을 발견할 수 있다. 여신 물리쑤(Mullissu)가 아슈르바니팔(Assurbanipal) 왕에게 한 말이다.

> 나는 전체 신들의 의회에서 너를 위해 나의 생을 걸었다…
> 나는 전체 신들의 의회에서 너에 대하여 좋게 말하고 있다.[16]

미력한 인간들을 위하여 중재 혹은 변호의 역할을 하는 신이 하늘에 있음을 고대 서아시아 문헌들이 보고하고 있다. 일반적으로 아시리아 문헌에서는 여신이 왕들을 위한 중재자 역할을 하고 있으며, 히타이트 문헌에서는 태양신이 그와 같은 역할을 한다.[17]

앞에서 살펴보았듯이 의회라는 기구 자체가 공동체의 주요 결정에 있어 민주적인 유연성을 보장하려는 기제였다. 독단적이지 않은 다원적인 문제 해결을 꾀함으로써 공동체적 정의를 세우려는 시도다. 이런 유연성 덕분에 의회에서는 어떤 사안에 대한 최종 판결이 집행되기 전에 제반 당사자들이 자신들의 입장을 변호하는 목소리가 허용되었다. 심지어 판결이 난 이후 그 최종 판결에 대한 점검과 비판, 번복을 요구하는 시도도 허용되었다. 위에서 살펴본 서아시아의 '의회' 문헌들은 그 고대적 시도들에 대한 귀중한 증언이다. 역사가 흐름에 따라 이는 공식적인 호소나 변호, 진정의 기제로 발달하였을 것이다.

법정에는 판사가 있고 검사가 있으며 변호사가 있다. 검사가 법원에 어떤 사건과 관련하여 누군가를 기소하면 기소를 당한 피고인은 법정에서 자신의 입장을 밝힐 기회를 받을 것이다. 꼭 피고인이 아니더라도 법정에 서야 하는 사람들은 자신을 전문적으로 대변하여 줄 이를 구하기 마련이다. 법이 어렵기 때문이기도 하지만 그만큼 법정의 판결이 무겁고 준엄하기 때문이다. 누군가에게는 자신의 목숨이 달린 일이기도 하다. 그래서 기소당한 사안과 관련하여 무고함을 변호하거나 '자비'를 호소하는 일이 흔히 있었을 것이다.

    판사와 검사, 변호사로 구성된 법정의 모습이 흥미롭게 패러디된 이야기가 구약성서에 있을 정도다. 바로 욥기다. 욥기는 소위 '법정 드라마'라는 독특한 장르로 규정되기도 하였다.[18] 이 이야기는 하늘에서 열린 일종의 의회에서 시작한다. 의회의 수장인 하나님이 계시고 땅을 살피고 돌아온 천사들이 있었는데 마침 의인이라 알려진 욥을 거론하게 되었다. 이때 '사탄'이 욥을 고소한다. 사실 사탄은 욥을 의인이라고 말한 하나님을 고발한 셈이다. 욥이 그렇게까지 신앙심이 철저한 의인은 아니라는 것이다. 그의 기소로 인해 과연 욥이 의인인지 아닌지 욥을 시험하기로 의회는 결정을 내린다. 그리고 욥은 그 판결에 따라 재산과 가족, 건강마저도 잃는 무서운 고난을 당한다. 욥기의 서두에 해당하는 1, 2장에 이 일화가 담겨 있다. 여기서 사탄은 의회에서 일종의 검사 역할을 하였다. 마침 사탄은 그 이름이 히브리어 원어를 따지면 '고소자'라는 뜻을 가지고 있다.

    욥기의 법정 의회는 하늘에서만 열린 것이 아니다. 땅에서도 법정과 같은 구도 안에 열띤 공방전이 벌어진다. 고통 속에 있는 욥에게 세 친구가 찾아오는데 그들과의 모임 안에서 욥은 하나님을 '고소'한다. 무고한 자신에게 가혹한 재앙을 내린 하나님을 도저히 이해할 수 없으며 정의로운 분으로 보기도 어렵다고 고소한 것이다. 그 한 예를 욥기 16장에서 볼 수 있다.

주님께서 나를 체포하시고, 주님께서 내 적이 되셨습니다. 내게 있는 것이라고는, 피골이 상접한 앙상한 모습뿐입니다. 이것이 바로 주님께서 나를 치신 증거입니다. 사람들은 피골이 상접한 내 모습을 보고, 내가 지은 죄로 내가 벌을 받았다고 합니다.

주님께서 내게 분노하시고, 나를 미워하시며, 내게 이를 가시며, 내 원수가 되셔서, 살기 찬 눈초리로 나를 노려보시니, 사람들도 나를 경멸하는구나. 욕하며, 뺨을 치는구나. 모두 한패가 되어 내게 달려드는구나. 하나님이 나를 범법자에게 넘겨 버리시며, 나를 악한 자의 손아귀에 내맡기셨다. 나는 평안히 살고 있었는데, 하나님이 나를 으스러뜨리셨다. 내 목덜미를 잡고 내던져서, 나를 부스러뜨리셨다. 그가 나를 세우고 과녁을 삼으시니, 그가 쏜 화살들이 사방에서 나에게 날아든다. 그가 사정없이 내 허리를 뚫으시고, 내 내장을 땅에 쏟아 내신다. 그가 나를 갈기갈기 찢고 또 찢으시려고 용사처럼 내게 달려드신다.

내가 맨살에 베옷을 걸치고 통곡한다. 내 위세를 먼지 속에 묻고, 여기 이렇게 시궁창에 앉아 있다(욥 16:8-15).

이때 세 친구는 각자의 방식으로 욥에게 재앙을 허락하신 하나님을 '변호'한다. 이렇게 욥과 친구들은 세 차례에 걸쳐 길고도 깊은 '법정' 토론을 벌인다. 이들 간에 오가는 대화나 나중에 등장하여 자신을 변호하는 하나님의 언체도 모두 법정 언어의 특성을 가지고 있다.[19] 욥이 했던 말 하나를 들어보자.

내가 한 이 변명을 들어줄 사람이 없을까? 맹세코 나는 사실대로만 말하였다. 이제는, 전능하신 분께서 말씀하시는 대답을 듣고 싶다. 내 원수가 나를 고발하면서, 뭐

라고 말하였지? 내가 저지른 죄과를 기록한 소송장이라도 있어서, 내가 읽어 볼 수 만 있다면, 나는 그것을 자랑스럽게 어깨에 메고 다니고, 그것을 왕관처럼 머리에 얹고 다니겠다(욥 31:35-36).

보다시피 법정 냄새가 확 풍기는 호소다.[20] 고소자 사탄의 모습을 통해 소위 '검사'의 자취를 발견할 수 있다. 검사가 있다면 변호사도 있지 않을까? 마침 욥기의 여러 구절들은 변호 내지 중재의 역할을 하는 자가 있음을 분명히 암시한다.

하나님이 나와 같은 사람이기만 하여도 내가 그분께 말을 할 수 있으련만, 함께 법정에 서서 이 논쟁을 끝낼 수 있으련만, 우리 둘 사이를 중재할 사람이 없고, 하나님과 나 사이를 판결해 줄 이가 없구나!(욥 9:32-33)[21]

신적 존재가 아니기 때문에 하늘의 법정에 참여하여 자신을 직접 변호할 수 없다고 욥이 답답해한다. 그래서 자신과 하나님 사이를 중재할 수 있는, 즉 변호사 같은 이가 하늘의 법정에 있었으면 좋겠다고 토로한다.

마침 위에서 살펴본 서아시아 다른 지역의 문헌을 보면 하늘에는 인간을 위해 중재하고 변호하는 '변호사'가 분명히 있었다. 이스라엘의 욥도 '변호사'의 존재를 알기 때문에 이런 아쉬움을 표현하는 것이 아닐까? 급기야 다음과 같이 하늘의 변호사가 나타나기를 소망하고 외친다.

하늘에 내 증인이 계시고, 높은 곳에 내 변호인이 계신다! 내 중재자는 내 친구다. 나는 하나님께 눈물로 호소한다. 사람이 친구를 위하여 변호하듯이, 그가 하나님께 내 사정을 아뢴다(욥 16:19-21).[22]

구약성서 이후의 유대 전통을 살펴보면, 인간을 위해 변호하고 옹호하는 천상 존재들의 활약이 풍성하게 전해진다.[23] 고대 이스라엘의 의회나 법정에 '변호'의 역할을 맡은 이가 있다는 사실은 스가랴서를 통해서도 찾아볼 수 있다. 천상의회가 열리고 대제사장 여호수아를 고소하는 사탄이 욥기에 이어 또 등장한다. 그리고 반대로, 여호수아를 옹호하는 한 천사의 모습도 등장한다.[24]

> 주님께서 나에게 보여 주시는데, 내가 보니, 여호수아 대제사장이 주님의 천사 앞에 서 있고, 그의 오른쪽에는 그를 고소하는 사탄이 서 있었다. 주님께서 사탄에게 말씀하셨다. "사탄아, 나 주가 너를 책망한다. 예루살렘을 사랑하여 선택한 나 주가 너를 책망한다. 이 사람은 불에서 꺼낸 타다 남은 나무토막이다." 그때에 여호수아는 냄새 나는 더러운 옷을 입고 천사 앞에 서 있었다. 천사가 자기 앞에 서 있는 다른 천사들에게, 그 사람이 입고 있는 냄새 나는 더러운 옷을 벗기라고 이르고 나서, 여호수아에게 말하였다. "보아라, 내가 너의 죄를 없애 준다. 이제, 너에게 거룩한 예식에 입는 옷을 입힌다." 그때에 내가, 그의 머리에 깨끗한 관을 씌워 달라고 말하니, 천사들이 그의 머리에 깨끗한 관을 씌우며, 거룩한 예식에 입는 옷을 입혔다. 그 동안 주님의 천사가 줄곧 곁에 서 있었다(슥 3:1-5).

위 정황을 보자면 사탄이 여호수아를 고소했지만 재판관이신 하나님께 오히려 책망을 받았다. 반면 천사 하나는 여호수아를 돕고 정결하게 해주었다. 우리가 상상하는 판사, 검사, 변호사 구성의 법정이 얼추 그려진 본문이라 할 수 있다. 지금의 변호사가 위 본문의 변호사만은 못하지만 말이다. 천상의 광경이지만 고대 이스라엘 사회에서도 이와 같은 구성의 법정이 분명히 있었을 것이다. 주요한 법적 판결을 내리는 의회에서 기소와 변호는 자연발생적 행위다. 이것이 전문적이고 기술적인 행위로 발달하였을 것이다.

왕정이 서고 행정적·사법적 체제가 확립되면서, 경험과 지혜로만 공동체의 문제를 해결하는 어르신들의 치정은 뒤로 물러설 수밖에 없었을 것이다. 꼭 다수의 어르신이 아니어도 규율을 입법화하고 그 법률을 적용하고 판단하여 줄 '전문가'도 출현하였을 것이고 이를 통해 여러 분규를 좀더 올바르고 정확하게 판단하려 했을 것이다. 때문에 구약성서에 종종 적혀 있는 '재판관'이라는 단어가 유독 눈에 띈다. 신명기를 보면 장로들이 아닌 권위 있는 종교 지도자나 전문 법률가가 문제를 해결하는 모습이 보인다.

> 당신들이 사는 성 안에서, 피 흘리는 싸움이나, 서로 다투는 일이나, 폭행하는 일로 당신들에게 판결하기 어려운 분쟁이 생기거든, 주 당신들의 하나님이 택하신 곳으로 그 사건을 가지고 올라가서, 제사장인 레위 사람과 그 때에 직무를 맡고 있는 재판관에게 가서 재판을 요청하면, 그들이 당신들에게 그것에 대한 판결을 내려 줄 것입니다. 당신들은 주님께서 택하신 곳에서 그들이 당신들에게 내려 준 판결에 복종해야 하고, 당신들에게 일러준 대로 지켜야 합니다. 그들이 당신들에게 내리는 지시와 판결은 그대로 받아들여서 지켜야 합니다. 그들이 당신들에게 내려 준 판결

을 어겨서, 좌로나 우로나 벗어나면 안 됩니다. 주 당신들의 하나님을 섬기는 제사장이나 재판관의 말을 듣지 않고 거역하는 사람이 있으면, 죽여야 합니다. 그렇게 하여서 이스라엘에서 그런 악한 일은 뿌리를 뽑아야 합니다. 그러면 온 이스라엘 백성이 듣고 두려워하며, 다시는 아무도 재판 결과를 하찮게 여기지 않을 것입니다 (신 17:8-13).

또 다른 신명기 본문인 19장 17절에도 제사장과 재판관이 재판을 주관하는 것으로 기록한다. 앞서 한 번 설명하였던 것처럼, 신명기는 가나안 땅에 이스라엘 사람들이 정착하기 이전에 벌어진 일을 기록한 것이지만 문헌의 최종 완성은 훨씬 후대에 이루어졌다. 그래서 위 본문에는 왕정기 및 그 이후의 사회적 실상과 경험이 반영된 것으로 볼 수 있다. 따라서 한때 장로들의 의회가 행했던 주요 의사결정 행위를 사법적 전문기관이 이어받아 행한 것으로 보아도 무방하다.[25] 위 본문은 재판관과 더불어 레위 제사장도 판결의 권한이 있는 것으로 말한다. 레위기나 민수기는 제사장의 사법적 권한을 언급하지는 않는다. 아마도 제사장들은 세속적인 분쟁보다는 종교적 문제를 판결하였을 것으로 보인다.[26]

이 재판관들을 히브리어로 '쇼페이트'라고 부르는데, 이 명칭은 사사기에서 '사사'들을 부를 때에도 사용되는 단어다. 이스라엘이 가나안에 들어가 왕정을 세우기 전 적어도 기원전 11세기 혹은 10세기 이전을 '사사'들의 시대라 부른다. '사사'(士師) 혹은 '판관'(判官)이라 불리는 이들이 당시 주민들 간의 분쟁을 판단해 주었을 것이다. 예언자 드보라에 대한 기록을 보라.

그 때에 이스라엘의 사사는 랍비돗의 아내인 예언자 드보라였다. 그가 에브라임 산간지방인 라마와 베델 사이에 있는 '드보라의 종려나무' 아래에 앉아 있으면, 이스라엘 자손은 그에게 나아와 재판을 받곤 하였다(삿 4:4-5).[27]

드보라는 군사 지도자이기도 하고 위의 기록처럼 재판을 하던 사사이기도 했다. 영웅담을 남긴 사사들은 사실 명칭만 사사이지 실제로는 군사 지도자로서의 역할을 수행했던 이들이다. 곳곳에서 재판을 하던 역할은 영웅담 없이 이름만 열거되어 있는 소위 '소사사'(小士師)들이 하였던 것으로 보인다.[28] 하지만 소사사들은 리스트만 존재할 뿐 활약이 전해지지 않은 것을 보면, 그들의 실체가 아리송할 뿐이다. 위 본문에서는 드보라가 예언자로 명시되었으나 재판을 하였던 것을 보니, 당시 소사사는 엄밀하게 규정되는 직임은 아닌 것처럼 보인다. 장로들의 실체를 불확실하게 규정할 수밖에 없었던 사정과 다름이 없다. 앞선 신명기 본문에 나오는 재판관들은 이 소사사들의 전통을 이어받은 이들로 추정된다.[29] 사사 시대 장로들보다는 좀 더 전문적인 사법적 직임을 분담받았을 것이다.

자, 이제 맨 처음 언급했던 악마의 변호사를 다시 찾아가 보자. 자크 베르제가 변호해 주었던 인물 중에는 독일 나치 전범인 클라우스 바비가 있었고, 인종청소로 악명 높았던 세르비아의 슬로보단 밀로세비치 그리고 베네수엘라 출신 희대의 테러리스트 카를로스 더 자칼 등이 있었다. 그가 만약 지금 살아 있다면 테러리스트들의 단체인 이슬람 국가 아이에스(IS: the Islamic State of Iraq and Syria)마저도 변호하려 들었을 것 같다. 그는 왜 일반적으로 악인 중에 악인이라

꼽히는 범죄자들을 변호하려 하였을까?

그의 희귀한 삶의 행보 중 눈에 띄는 것이 있다. 프랑스 식민 치하의 알제리에서 태어나 독립운동을 하던 여인 자밀라 부히레드는 카페에 폭탄을 설치하여 많은 사람을 죽게 한 인물이다. 그녀가 잡히자 베르제는 그녀를 변호하였다. 사형 선고를 받았으나 베르제의 탁월한 변호와 이에 힘입은 여론의 압력으로 그녀는 사형을 모면한다. 프랑스에 수감 중이던 그녀는 알제리의 독립과 함께 수감을 마치고 풀려나 베르제와 결혼을 한다. 그는 영국 신문 〈가디언〉(The Guardian)과의 2008년 인터뷰에서 나치 전범 클라우스 바비와 같은 '괴물'도 인간적인 면모가 있음을 이해하는 것이 매우 중요하다고 말했다. 법정에 누가 서든 대중이 그의 사정을 공감하고 이해할 수 있도록 하는 것이 자신의 역할이라 밝히기도 했다.

그는 이 세상의 어떤 범죄자도 변호마저 할 수 없는 '인간'은 없다고 주장한다. 그의 논지는 법정에서 대담하고 탁월하였다. 한 죄인을 심판하는 법을 향해 죄인의 '악'보다는 그를 악인으로 정죄하는 법정의 주체, 즉 기득 권력의 부조리와 모순, 위선을 날카롭게 꼬집어 무력화시켰다. 자밀라 부히레드를 변호한 그는 그녀의 나라 알제리를 무력으로 식민 통치하는 프랑스 정부가 과연 그녀를 정죄하는 것이 적법한지 논쟁한다. 테러리스트에 대한 심판 토론을, 식민 통치의 불의와 위선을 비판하는 논쟁으로 바꿔 버리는 식이 바로 베르제의 트레이드마크였다. 윤봉길 의사를 생각해 보면 쉽게 이해할 수 있다. 우리나라에서 누가 감히 윤봉길을 정죄하겠는가.

베르제는 과연 누군가를 적법하게 전적 '악인' 혹은 '죄인'으로 심판하는 주체가 있을 수 있느냐를 묻는 것이다. 어떤 사회에 만약 범죄자가 출몰하였다면 그 사회에도 책임이 있다는 것이다. 공동체이기 때문이다. 우리 사회의 범죄는 그 사회 안에 몸담고 있는 모든 사람이 직접 혹은 간접적으로 책임이 있는 것이다. 그렇기 때문에 공동체는 감히 누군가를 전적으로 심판할 수 없다. 그렇기 때문에 이 땅에 변호받지 못할 인간은 아무도 없는 것이다. 이는 우리가 지금껏 살펴보았던 고대 이스라엘 사회의 의회 기구 정신과도 잇닿아 있다. 그 정신은 공동체적 심판에 있지 않고 공동체적 구제에 있다. 법은 심판을 위해 있기보다 구제를 위해 있다.

어느 기자가 베르제에게 이런 질문을 한 적이 있다. 히틀러도 변호하겠느냐고. 그는 미소를 띠고 쿠바산 시가 연기를 내뿜으며 이렇게 말했다. "난 심지어 조지 부시(George Bush)도 변호할 거야. 다만 그가 잘못을 인정만 한다면 말이지."[30] 여기서 잠시 엉뚱한 상상 하나를 해보자. 누군가가 하늘에서 사탄을 고소하였다. 욥기에서 욥을 궁지에 빠뜨렸던 그 사탄 말이다. 과연 베르제는 사탄을 위해서도 천상의회에서 변호할까? 법적으로 보자면 변호 가능한 구석이 없지 않다. 하지만 사탄이 먼저 자신의 잘못을 인정해야 할 텐데…. 사탄은 자기 잘못이 무엇인지 알까? 여러분은 법정에서 사탄의 잘못이 무엇이라고 지적할 것인가? 이 엉뚱한 이야기는 나중에 다시 하도록 하자. 일단 결론을 일부 말하자면 사탄은 위법한 것이 문제가 아니다. 사탄은 시건방진 게 문제였다.

다수결? 제비뽑기!

2016년 말부터 '헌법재판소'라는 단어가 언론에 자주 언급되었다. 유래를 찾기 힘든 관심이 그곳에 쏠리면서 법정 내부, 특히 대심판정이 영상 매체에 자주 비쳤다. 그 구조가 참 흥미로웠다. 마치 목회자처럼 길고 수려한 가운을 입은 재판관 아홉 명이 정면에 일렬로 앉아 있다. 교회였다면 강대상이 있을 위치에 재판관들이 청중을 마주보고 앉아 있는데, 마치 성도들과 예배를 집례하는 목회자가 대면하는 듯하다. 대통령이 국회의 동의를 얻어 임명하는 헌법재판소장은 담임목회자처럼 정중앙에 앉아 있고, 그 뒤에는 휘장이 걸려 있다. 이 휘장은 대한민국을 상징하는 무궁화 안에 헌법의 '헌'(憲) 자가 새겨진 모양인데, 이것 또한 교회 강대상 뒤에 십자가가 걸린 모습을 연상시킨다.

　헌법재판소 심판정은 국가의 법 중에서 기본이며 으뜸인 헌법을 기준으로 삼아 다툼을 해결하는 곳이기에 그야말로 헌법의 엄중함이 드러나고 느껴져야 하는 곳이다. 헌법은 여러 하위 법령들의 최고 위치에 있으면서 모든 법의 근간이 되기에 거의 신격(divine)에 이른다 해도 과언이 아니다. 그래서 헌재의 대심판정은 그 내부 구조도 근엄한 교회 같은 모습을 하고 있는 것 같다.

　고대 이스라엘에도 이런 대심판정 같은 곳이 있었을까? 마을 안 사건들은 성문 앞 광장에서 장로나 의회가 해결하였음을 보았다. 그런데 하나님으로부터 특별한 지혜를 부여받아 사법적 권한을 행했던 왕, 솔로몬은 특별한 재판정이 있었다.

> 그러므로 주님의 종에게 지혜로운 마음을 주셔서, 주님의 백성을 재판하고, 선과 악을 분별할 수 있게 해주시기를 바랍니다. 이렇게 많은 주님의 백성을 누가 재판할 수 있겠습니까? 주님께서는 솔로몬이 이렇게 청한 것이 마음에 드셨다(왕상 3:9-10).

> 또 그는 '옥좌실' 곧 '재판정'을 짓고, 그 마루를 모두 백향목으로 깔았다(왕상 7:7).[31]

　고대 이스라엘 사람들은 '신정'(神政, theocracy)을 믿었다. 판결을 하나님이 하신다는데 누가 감히 그 권위를 무시하겠는가? 지금이야 법도 무서울 것이 없는 파렴치한 이들이 있지만, 당시에는 법정에 서서 모르쇠로 잡아떼는 건 웬만큼 간이 크지 않으면 할 수 없던 일이었다. 무궁화 안에 새겨진 '헌'(憲) 자나 수려한 가운을 입은 재판관 앞 정도가 아니라 '하나님 앞'에서 재판받는다는 신앙 때문이다.

> 네가 백성 앞에서 공포하여야 할 법규는 다음과 같다. … 주인은 그를 하나님 앞으로 데리고 가서, 그의 귀를 문이나 문설주에 대고 송곳으로 뚫는다. 그러면 그는 영원히 주인의 종이 된다(출 21:1, 6).

> 어떤 사람이 그 이웃에게 돈이나 물품을 보관하여 달라고 맡겼는데, 그 맡은 집에 도둑이 들었을 때에, 그 도둑이 잡히면, 도둑이 그것을 갑절로 물어내야 한다. 그러나 도둑이 잡히지 않으면, 그 집 주인이 하나님 앞으로 나가서, 그 이웃의 물건에 손을 댔는지 안 댔는지를 판결받아야 한다(출 22:7-8).[32]

여기서 하나님 앞에 나아간다는 것은 성소 안이나 종교 지도자 앞에 서서 심판받음을 의미한다. 그래서 제사장들도 법적인 판단을 할 수 있는 자로 언급되기도 한 것이다. 지금으로 따지자면 교회에 와서 목회자 앞에서 판결받는 것을 의미한다. 물론 교회나 목회자들이 하나님을 전적으로 대변한다는 '믿음'이 있어야 하지만 말이다. 고대 이스라엘에는 그런 전적인 믿음이 있었다. 성소에 서서 재판받기를 기다리는 어느 피고인의 노래를 들어 보자.

> 주님, 나를 변호해 주십시오. 나는 올바르게 살아왔습니다. 주님만을 의지하고 흔들리지 않았습니다. … 주님, 내가 손을 씻어 내 무죄함을 드러내며 주님의 제단을 두루 돌면서, 감사의 노래를 소리 높여 부르며, 주님께서 나에게 해주신 놀라운 일들을 모두 다 전하겠습니다(시 26:1, 6-7).

이 노래를 지은 자는 아마도 성소에 잡혀갔다가 '하나님 앞'에 서서 자신의 무고함을 주장하였고, 그날 밤 풀려나 집에 돌아와 이와 같은 감사의 노래를 지었던 것 같다.[33] 법정에 선 그는 정말로 하나님 앞에 선 것이었다. 그래서 당당히 하나님께 '변호'하여 달라고 기도하였다. 손을 씻고 제단을 돌았던 것은 당시에 무죄함을 항변하는 의식이었던 것 같다. 유사한 의식이 성서에 몇 군데 더 발견된다(신 21:6-9; 마 27:24). 당당하지 못한 자는 이 의식을 재대로 치를 엄두가 나지 않았을 것이다. 하나님 앞이기 때문이다. 자신의 죄를 토로하지 않은 '모르쇠'의 고통을 들어 보자.

> 내가 입을 다물고 죄를 고백하지 않았을 때에는, 온종일 끊임없는 신음으로 내 뼈가 녹아 내렸습니다. 주님께서 밤낮 손으로 나를 짓누르셨기에, 나의 혀가 여름 가뭄에 풀 마르듯 말라 버렸습니다(시 32:3-4).

이처럼 고대 이스라엘은 성문 앞 말고도 왕궁 안에서 그리고 성소에서도 법정을 열었다. 하나님이 그들 앞에 서서 직접 판단하신다는 믿음은 당시 이스라엘 법정이 내린 사법적 의결에 절대적 권위를 부여했다. 고대 이스라엘의 재판관들은 하나님 두려운 마음으로 판결을 하여야 했다. 재판관들 앞에 서 있는 피고인이나 증인뿐만 아니라 재판관에게도 그 믿음이 있어야 했다. 그래서 모세는 가나안 땅에 들어가 본격적인 정착 사회를 이룰 이스라엘 백성들 중 특별히 재판관들에게 이렇게 말했다.

그때에 내가 당신들 재판관들에게 명령하였습니다. 당신들 동족 사이에 소송이 있거든, 잘 듣고 공정하게 재판하시오. 동족 사이에서만이 아니라, 동족과 외국인 사이의 소송에서도 그렇게 하시오. 재판은 하나님께 속한 것이니, 재판을 할 때에는 어느 한쪽 말만을 들으면 안 되오. 말할 기회는 세력이 있는 사람에게나 없는 사람에게나 똑같이 주어야 하오. 어떤 사람 앞에서도 두려워하지 마시오. 그리고 당신들이 판단하기 어려운 것이 있거든, 나에게로 가져 오시오. 내가 들어 보겠소'(신 1:16-17).[34]

'재판은 하나님께 속한 것'이라는 믿음은 재판관으로 하여금 '잘 듣고 공정하게 재판'할 수 있도록 만들었다. 민족주의적인 이스라엘 전통 속에서도 그들은 '이민자'들을 함부로 다루어 법정에서 부당하게 곤경에 처하도록 하지 않았다. '세력이 있는 자'도 법정에서는 공정한 기회만 주어져야 했다. 이 모든 명령은 법이 하나님께 속했다는 그들의 신앙에 근거한다. 유다 왕 여호사밧이 나라 곳곳에 재판관을 세우며 당부하였던 말도 들어 보자.

여러분이 하는 일을 살피시기 바랍니다. 사람이 아니라 여호와를 따라 판단해야 하기 때문입니다. 여러분의 판단에 함께하실 겁니다. 이제 여호와의 두려움이 여러분 위에 있도록 하십시오. 삼가 일하시기 바랍니다. 못되고, 치우치고, 돈 먹는 일은 우리 하나님 여호와와 함께하지 않습니다.
여호와를 무서워하며 믿음직하게 한결같은 마음으로 이같이 일하십시오(대하 19:6-7, 9; 저자 사역).

당시 재판관 위에는 '헌'(憲) 자가 새겨진 휘장이 아니라 여호와를 두려워하는 마음이 있었다. 그런데 아무리 하나님 두려운 마음으로 법정을 열었다 하더라도 모든 일을 하나님의 뜻 가운데에 판결할 수 있었을까? 하나님이 보신다고 믿으며 신중하고 공정하게 판결하도록 최선을 다했겠지만, 모든 사안을 쉽게 결정할 수만은 없었을 텐데 말이다. 과연 그들은 어떤 의결 방법을 가지고 공정한 결론에 이르려고 하였을까?

40~50대 분들 중 대천덕 신부를 아시는 분들이 꽤 있을 것이다. 본명은 루번 아처 토리 3세(Reuben Archer Torey III)이며, 1965년 강원도 태백에 성공회 수도원인 '예수원'을 설립한 분이다. 성령을 통한 회심을 강조하는 복음주의적 메시지와 함께 사회정의를 부르짖던 대천덕 신부는 존경받는 기독교 지도자였으며 2002년에 주님 품에 안겼다. 아주 오래전 그분을 뵌 적이 있었다. 느리지만 정확한 한국말로 강연을 하셨는데, 너무 시간이 흘러 강연 내용이 기억나지는 않지만 딱 하나 머릿속에 남은 것이 있다. 자신은 다수결을 통한 민주주의적 의결 방식이 반드시 성서적이라고는 생각하지 않는다는 것이다. 하지만 지금 인간 사회가 가지고 있는 의결 방식 중 어쩔 수 없이 최선의 것이기에 이를 적용하고 따른다는 것이다. 이유는 모르겠지만 이 말씀만이 내 기억에 남아 있다. 실제로 성경은 다수결의 폐해를 분명히 말하고 있다.

> 다수의 사람들이 잘못을 저지를 때에도 그들을 따라가서는 안 되며, 다수의 사람들이 정의를 굽게 하는 증언을 할 때에도 그들을 따라가서는 안 된다(출 23:2).[35]

다수라고 하여 반드시 정의롭거나 옳지는 않기 때문이며, 당연히 대천덕 신부도 이를 잘 알고 있었으리라 생각된다. 그렇다면 성서에는 다수결에 입각한 의결 절차가 전혀 없는 것일까? 그렇다. 다수결 표결 같은 것은 없다. 그러나 '독단'을 피하기 위해 다수 혹은 다중 의뢰 방식은 발견되며 앞에서도 몇 차례 언급하였다. 위 출애굽기 구절이 다수결에 부정적인 이유는 고대 사회에서 자주 있을 법한 힘 있는 자들의 독단적 행위를 막으려는 의도가 더 강하다. 위 구절 뒤에 따르는 내용을 보면 이해가 갈 것이다.

> 너희는 가난한 사람의 송사라고 해서 그에게 불리한 판결을 내려서는 안 된다. 거짓 고발을 물리쳐라. 죄 없는 사람과 의로운 사람을 죽여서는 안 된다. 나는 악인을 의롭다고 하지 않기 때문이다. 너희는 뇌물을 받아서는 안 된다. 뇌물은 사람의 눈을 멀게 하고, 의로운 사람의 말을 왜곡시킨다. 너희는 너희에게 몸붙여 사는 나그네를 억압해서는 안 된다. 너희도 이집트 땅에서 나그네로 몸붙여 살았으니, 나그네의 서러움을 잘 알 것이다(출 23:6-9).

'가난한 사람의 송사', '뇌물', '나그네 억압' 등이 나열된 것을 볼 때 본문이 진정 말하고자 하는 것이 무엇인지 알 수 있다. 당시 사법적 권한이 있는 기득권자들은 마음만 먹으면 힘과 다수를 동원하여 법적 판결을 왜곡할 수 있었고, 이때 가난한 사람이나 외국인들이 피해를 보기 쉬웠기 때문이다. 힘 있는 자가 다수를 선동하고, 뇌물을 써서 거짓 고발을 하면 다수결을 통해 큰 범죄를 행할 수도 있기 때문이다.

하지만 어쩔 수 없이 다수결 원칙으로 의결하였던 일도 당시에 있었다. 성서에서 뚜렷한 증언을 찾기는 어렵지만 고대 서아시아 문헌에는 다음과 같은 기록이 있다. 기원전 24-22세기 즈음의 고대 아시리아에 속하는 카네쉬(Kanesh)에서 점토판 세 점이 발견되었다.[36] 이 점토판들은 당시 아나톨리아에 위치한 아시리아의 상업 전초 기지, 카룸(Karum)에서 벌어진 일들을 보고한다. 카룸은 당시 아시리아의 식민지에 그들이 세운 상업과 무역 에이전시였다. 이 기록에 의하면 어떤 문제를 해결하기 위한 의결을 할 때에 회원들을 삼등분하여 투표를 하였다고 한다. 여기에서 의결에 도달하지 못하면 좀더 큰 의회(puḫur)로 사안을 가져갔는데 이때 의결을 '다수결로'(at the mouth of the majority) 하였다는 기록이 있다.[37] 이와 같은 다수결 방식의 의결 절차는 아시리아에서 여러 사법적·행정적 의결을 위해 행하였을 것으로 추정된다.

구약성서의 주요 시대보다 거의 10~15세기 정도 이른 시기의 기록이기에 다수결 방식이 구약성서에 자주 등장할 법도 한데 그렇지 않다는 것을 주목하자. 의회의 회장이 다수 의견을 묻고 독단적인 결정을 방지하는 방식은 이미 앞에서 많이 보았다. 그러나 의회에 참석한 회원들이 동등한 투표권을 가지고 행하였는지는 불확실하다. 의회를 통하거나 다수의 의견 개진을 통해 의결 절차를 밟기는 하지만 최종적 결의는 권위 있는 회장이 내리는 것이었다.

사실 성서에서 눈에 띄는 의결 절차는 투표에 의한 다수결이 아니라 제비뽑기다. 매우 주요한 사안들을 결정할 때 독단을 피하기 위해 하나님을 믿고 뽑아서 결정하는 것이었다. 이스라엘 백성이 가나안 땅에 들어가 땅의 경계를 나누고 지파에게 분배할 때도 하나님을 믿고 제비 뽑아 결정하였다.

> 실로에서 여호수아는 주님 앞에서 제비를 뽑고, 거기에서 그는 이스라엘 자손의 각 지파에게 그 땅을 나누어 주었다. 첫 번째로 베냐민 자손 지파의 각 가문의 몫을 결정할 제비를 뽑았다. 제비로 뽑은 땅의 경계선은 유다 자손과 요셉 자손의 중간이었다(수 18:10-11).

친족 안에서 부동산을 나눌 때면 아래와 같이 하였다.

> 땅은 주사위를 던져, 가족별로 나누어 가지도록 하여라. 큰 쪽에는 큰 땅덩어리를 유산으로 주고, 작은 쪽에는 작은 땅덩어리를 유산으로 주어라. 주사위를 던져 나오는 대로, 각자 자기 것으로 삼도록 하여라. 땅을 나눌 때에는 같은 조상을 둔 지파들끼리 나누어 가지도록 하여라(민 33:54).

지금으로 보자면, 형제끼리 집안 땅을 분배할 때에 교회에 가서 충분히 기도하고 제비 뽑아 나누었다는 것이다. 그럴 수 있는 '신앙'이 있었다는 것이다. 읽을수록 신기할 따름이다. 심지어 군대도 제비 뽑아 갔다!

> 이제 기브아 사람들에게 우리가 할 일은 이렇다. 제비를 뽑아 그들을 치자. 이스라엘의 모든 지파에서 백 명마다 열 명을, 천 명마다 백 명을, 만 명마다 천 명을 뽑아서, 그들에게 군인들이 먹을 양식을 마련하게 하고, 군인들은 베냐민 땅에 있는 기

> 브아로 가서, 기브아 사람이 이스라엘 안에서 저지른 이 모든 수치스러운 일을 벌하게 하자(삿 20:9).

집안 부동산 분배나 아들 군대 보내는 것만큼 한국 사회에서 민감한 것이 없으리라. 위 두 본문은 마치 지금의 한국 신앙인들에게 하는 말씀처럼 들린다. 다음 구절과 함께 말이다.

> 제비는 사람이 뽑지만, 결정은 주님께서 하신다(잠 16:33).

지금까지 살펴본 의회의 모습을 보면 독단적 의결을 피하기 위해 다수가 의논하고 의견을 개진하여 결정하자는 취지는 분명하다. 하지만 의결 도출 방식이 반드시 다수결이나 제비뽑기는 아니었다. 아마도 어떤 방식으로든지 합의를 이루어 내기가 너무나 어렵거나 난감한 경우 위 둘 중 하나의 방식을 택했을 것으로 보인다. 그리고 성서가 남겨 놓은 기록에 의하면 그중에서도 제비뽑기였지 다수결은 아니었다.

다수결은 옳은 의사결정에 도달하기 위한 합리적 방법 중 하나이지만 때로는 무섭게 느껴진다. 각종 기관은 물론이고 국정에 이르기까지, 다수결을 통한 선거나 의결 진행이 발생할 경우 투표자들은 거센 패거리 정치에 휘둘리기 때문이다. 때마다 찾아오는 우리네 선거철을 떠올려 보자. 독단적 결단을 피하고 공동체 개개인 및 소수의 의견까지도 자유롭고 평등하게 반영하자는 취지가 민주주의의 다수결이지만, 그러기에는 인간이 너무나 악하다. 무슨 수를 쓰든지 정보를 왜곡하여 거짓을 양산하고 이를 각종 매체를 통해 선동해 대니 다수결을 통해 다수를 선동하거나 회유하여 정의를 파손시키는 결과가 되기 일쑤다. 그리고 그 후유증은 공동체 전체가 앓는다. 그렇다고 성서에 나오듯 제비뽑기를 하자니 그럴 신앙이 없고, 구약의 의회처럼 충분히 의논하고 어르신의 결정에 따르자니 그렇게 존경받을 어르신이 없다. 절대적으로 옳은 것은 아니지만 다수결 투표를 어쩔 수 없이 해야 하는 것이 우리의 처지인가 보다. 우리 위에 어떤 권위를 행복하게 둘 수 없는 것은 불행이다. 둘 만한 분을 찾기 어려울 뿐 아니라 있어도 가만두질 않으니 그런 사회에서 인간은 결국 '목자 없는 양 떼'처럼 우왕좌왕할 뿐이다. 사실 이것은 '어르신'이 되고자 하는 분들이 책임보다는 특권을 좋아하기 때문에 벌어지는 추태이다.

법은 법일 뿐

　법정 드라마를 즐겨 보시는가? 손가락이 오그라들고 식은땀이 나서 멜로물은 시청을 금하는 편이지만 〈시그널〉 같은 수사물이나 〈굿 와이프〉 같은 법정 드라마는 넋을 놓고 즐긴다. 물론 나만 그런 것은 아니리라 믿는다. 이제 마지막 장에 이르렀다. 여기서는 흥미진진한 성서의 법정 드라마 몇 편을 소개하려 한다.

　다수결이 사람 잡는 경우가 있다. 이를 몸소 체험하신 분이 있으니 바로 앞서 언급된 북이스라엘 왕 아합이다. 악한 왕의 대명사인 아합은 "시리아와 이스라엘 사이에는 세 해 동안이나 전쟁이 없었다"로 시작하는 열왕기상 22장의 평화로운 첫 절을 견딜 수 없었나 보다. 그는 자기를 찾아온 남유다 여호사밧 왕에게 시리아를 같이 치자고 제안한다. 솔깃했던 여호사밧이지만 국가적 중대사를 '의결'하기 전 중요 절차를 잊지 않고 이렇게 말한다. "그러나 먼저 주님의 뜻을 알아봄이 좋을 것 같습니다"(왕상 22:5). 하나님께 먼저 묻는 것은 당시 신정 정치국의 주요한 의결 절차였으며 수많은 고대 서아시아 문헌들이 이를 증언하고 있다(예. 민 27:21; 삿 1:1; 왕상 14:5). 왕궁에서 일하던 예언자 이사야는 국가 중대사를 하나님의 이름으로 왕과 의논하고 조언하였다(사 7장).

그런데 문제가 발생했다. 하늘의 뜻을 묻기 위해 예언자들에게 의뢰했는데 상반된 견해가 나온 것이다. 사정은 이러했다. 아합은 우선 자신의 왕궁에 예언자 400명을 불러 놓고 전쟁을 나가는 것이 좋을지 물었다. 왕궁에선 매우 중요한 의결 절차다. 400명이 즉각 나타나 집결한 것을 보니, 어디선가 대기하고 있던 것은 아닌지 모르겠다. 그들은 한목소리로 왕의 승리만을 예언한다.[38] 그러나 여호사밧은 뭔가 의심쩍었나 보다. 그는 이 400명의 예언자들 말고 다른 이는 없는지 아합에게 묻는다. 그의 의심은 충분히 있을 법했는데 왕들이 자신에게 유리한 의결을 도출하기 위하여 '어용' 종교인들을 이용하기도 하였기 때문이다. 이에 대한 아합의 말을 보라. 그는 진짜 예언자가 어디에 있는지 여호사밧에게 단번에 알려 준다.

> 이스라엘 왕은 여호사밧에게 대답하였다. "주님의 뜻을 물어 볼 사람으로서, 이믈라의 아들 미가야라고 하는 예언자가 있기는 합니다만, 나는 그를 싫어합니다. 그는 한 번도 나에게 무엇인가 길한 것을 예언한 적이 없고, 언제나 흉한 것만 예언하곤 합니다." 여호사밧이 다시 제안하였다. "임금님께서 예언자를 두고 그렇게 말씀

하시면 안 됩니다"(왕상 22:8).

결국 미가야를 불러오는데, 그를 데리러 간 신하들이 마가야에게 한 말을 들어 보자.

> 미가야를 데리러 간 신하가 미가야에게 말하였다. "이것 보시오. 다른 예언자들이 모두 한결같이 왕의 승리를 예언하였으니, 예언자께서도 그들이 한 것 같이, 왕의 승리를 예언하시는 것이 좋을 것이오"(왕상 22:13).

이제 확실해진다. 왕의 측근들이 거의 협박 수준으로 주요 의결 행위자를 압박하는 것이다. 왕정 체제에서 절대적 권력을 지닌 왕의 독단을 막을 수 있던 기제 중 하나는 왕궁 예언자들이었다. 신정국가답게, 하나님의 뜻을 받아 정직하게 조언하여 줄 종교 지도자였던 것이다. 당시 왕들이 자신에게 유리한 정책을 이끌려면 종교 지도자들을 구워삶아야만 했으리라. 고대 메소포타미아의 예언 문서들을 보면, 구약성서와는 다르게 왕의 개인적 흥왕성쇠와 관련된 예언이 대부분이다. 왕들이 예언자들로부터 듣기 좋은 말을 받기 위해 뇌물을 주었던 정황도 포착된다. 권력이 어떻게 국가 의결 절차를 왜곡시키는지, 지금의 우리에게도 낯설지가 않다.

왕궁에 이른 미가야는 왕이 전쟁에 나가면 패배할 것이라고 400명과 다른 예언을 내린다. 하나님의 뜻이 서로 상반되어 전해진 것이다. 다수결 원칙에 따랐다는 기록이 있지는 않지만, 400대 1이니 여호사밧도 따를 수밖에 없었을 것이다. 다수라 하여 반드시 옳은 것은 아니라는 말씀을 확인시켜 주듯 전쟁터에 나간 아합은 활에 맞아 죽는다.[39] 400과 1 중 누가 옳았는지 밝혀진 것이다. 물론 민주주의의 다수결과 여기의 다수결에는 그 취지에 근본적 차이가 있다. 민주주의는 공동체 일원들의 의견을 평등하고 공의롭게 의결 절차에 반영하고자 다수결을 따른다. 하지만 위 이야기는 하나님의 뜻을 알고자 예언자들에게 의뢰하였던 것인데, 뜻하지 않게 한 하나님으로부터 두 뜻이 전달되어 서로 겨루게 된 것이다.

종교 지도자도 사람인지라 균열은 있을 수밖에 없다. 문제는 무엇이 종교 지도자들마저 분열시켰는가이다. 답은 어렵지 않게 발견할 수 있다. 고대 이스라엘 예언사(豫言史) 연구에서 참 예언자와 거짓 예언자들 간의 갈등은 주요 연구 분야인데 그들 간의 차이는 자명한 것으로 여겨졌다. 거짓 예언자들은 대개 다수이며 권력에 기생하는 집단이었다. 참 예언자들은 사회 외곽에서 단독이나 소수로 활약하는 경우가 많으며 권력의 불의나 횡포에 저항적이었다. 대표적으로 아모스나 예레미야, 엘리야를 들 수 있다. 열왕기상 22장 이야기도 이 분야에 있어 주요 연구 대상이었다. 결국 종교 지도자들의 재물욕과 권력욕이 기득권 세력의 횡포를 막아 하늘 뜻이 이루어지도록 하는 신성한 의결 절차를 왜곡시킨 것이다. 가장 믿을 수 있어야 할 종교 지도자, 하늘과 땅을 매개하는 지도자가 타락했기 때문에 의결 절차가 공의롭게 이루어질 수 없었다.[40]

권력에 저항했기에 받아야 할 고충도 간과하기 어려운 요소다. 미가야는 소위 어용 예언자인 시드기야로부터 따귀부터 얻어맞고 감옥에 끌려가 간신히 연명하는데, 이후 그가 죽었는지 살았는지 보고조차 되지 않는다(왕상 22:24-27). 그야말로 이름도 없이 빛도 없이 살아야만 했던 이들이 참 예언자였다.

    이 이야기가 전하는 교훈은 분명하다. 아무리 법규와 기구가 좋아도 소용없다. 그 법을 관할하는 주체가 선하지 않으면 얼마든지 법과 기구는 공동체에 재앙을 낳을 수 있다. 그 극명한 예를 아합 왕의 전적에서 또다시 찾아볼 수 있다. 그가 괜히 악한 왕의 대명사가 아니다. 본래 이스라엘은 땅을 절대로 매매하지 않는 전통이 있다(레 25:23). 법적으로 허용하지 않는다. 모든 땅은 하나님의 것이기 때문이다. 이를 모를 리 없는 아합이지만 자기 궁 근처에 있는 어느 포도원이 너무나 갖고 싶었다. 흉악하기로 소문난 아합이지만 자기네 법적 전통을 어기는 것이 부담이 되었는지, 포도원 주인 나봇에게 꽤 호의를 베풀듯이 매매를 제안했다. 더 좋은 포도원도 주고 돈도 준다고 했다. 그러나 그가 들은 대답은 다음과 같았다.

> 나봇이 아합에게 말하였다. "제가 조상의 유산을 임금님께 드리는 일은, 주님께서 금하시는 불경한 일입니다"(왕상 21:3).

    땅 매매 금지 전통이 엄하긴 엄하였나 보다. 그 험한 아합 왕이 이 말을 듣고 어찌하지 못하고, 그저 망신스러웠는지 집에 돌아가 삐져서 밥도 안 먹고 침대에만 누워 있었다(왕상 21:4). 이때 그의 유명한 아내 이세벨이 끼어든다. 이방 공주 출신으로서 이스라엘의 신성한 전통과는 아랑곳없이 자기가 섬기던 바알 종교를 국교화했던 악녀의 대명사가 이세벨이다. 그다음 과정은 잘 아시겠지만 그녀가 어떻게 법과 그 절차를 농단했는지 살펴보자.

> 그런 다음에, 이세벨은 아합의 이름으로 편지를 써서, 옥쇄로 인봉하고, 그 편지를 나봇이 살고 있는 성읍의 원로들과 귀족들에게 보냈다. 그는 편지에 이렇게 썼다. "금식을 선포하고, 나봇을 백성 가운데 높이 앉게 하시오. 그리고 건달 두 사람을 그와 마주 앉게 하고, 나봇이 하나님과 임금님을 저주하였다고 증언하게 한 뒤에, 그를 끌고 나가서, 돌로 쳐서 죽이시오." 그 성 안에 살고 있는 원로들과 귀족들은, 이세벨이 편지에 쓴 그대로 하였다. 그들은 금식을 선포하고, 나봇을 백성 가운데 높이 앉게 하였다. 건달 둘이 나와서, 그와 마주 앉았다. 그리고 그 건달들은 백성 앞에서 나봇을 두고, 거짓으로 "나봇이 하나님과 임금님을 욕하였다" 하고 증언하였다. 그렇게 하니, 그들은 나봇을 성 바깥으로 끌고 가서, 돌로 쳐서 죽인 뒤에, 이세벨에게 나봇이 돌에 맞아 죽었다고 알렸다(왕상 21:8-14).

전제 정치의 핵인 왕궁에서 하위 의회에 재판을 열 것을 하달한다. 그 내용은 부당한 것이 분명했다. 아합의 이름으로 편지를 쓰고 옥새로 인봉하였다고 하니 뚜렷한 권력형 부정 행사를 한 것이다. 지금처럼 '특검'이 결성되어 최고 권력 기관도 수사할 수 있던 때가 아니었기 때문에, 옥쇄로 인봉한 증거물들을 남발하였던 것 같다. 그 편지는 왕궁 인근 한 성읍의 의회로 전달되었는데 그 수취인들이 바로 장로(원로)와 귀족이었다. 장로는 '자케인'(zāqēn)이라는 익숙한 용어로 표기되었지만, 귀족은 '호림'(ḥōrîm)이라는 생소한 단어로 표현되었다. 구약성서에 자주 나오는 단어는 아니며 주로 포로기 이후 문헌에 등장한다(참조. 느 5:7). 아마도 이 의회를 주관하는 장로가 누구인지 좀더 설명하기 위해 첨언한 것으로도 볼 수 있겠다.[41] 이들은 지방 의회의 핵심 의원인 셈이며, 상위 기구인 왕궁의 명이 있다면 따라야 하는 양상을 보인다. 이런 권력적 상하관계 때문에, 지방의 장로와 귀족은 어쩔 수 없이 거짓 증언을 짜고 상위 권력의 불의한 일을 공모하게 되었다. 처형까지 마친 후 지방 의회는 이를 상위 기관에 보고하는 것으로 의결 및 집행 과정을 종결한다. 왕이 아닌 '비선실세'에게 전달된 것을 보니 불법적 의결 절차임이 다시 확인된다.

그러나 성서는 이렇게 자신의 이득을 위해 억울한 죽음을 공작한 이 부부가 결국 하늘의 심판을 받는다는 것을 분명하게 가르친다. 쿠데타 세력에 의해 창밖으로 던져진 이세벨과 활에 맞아 죽은 아합 부부의 마지막은 이렇게 묘사된다.

> 왕(아합)은 죽고, 사람들은 그 주검을 사마리아로 가지고 가서, 그 곳에 묻었다. 그리고 사마리아의 연못에서 왕의 병거와 갑옷을 씻을 때에 개들이 그 피를 핥았고, 창녀들이 그 곳에서 목욕을 하였다. 이렇게 해서 모든 것은 주님께서 말씀하신 대로 되었다(왕상 22:37-38).

> 그들이 돌아와서 그에게 그렇게 보고하니, 그가 말하였다. "주님께서, 주님의 종 디셉 사람 엘리야를 시켜서 말씀하신 대로, 이루어졌다. 주님께서 말씀하시기를 '이스르엘의 밭에서 개들이 이세벨의 주검을 뜯어 먹을 것이며, 이세벨의 주검은 이스르엘에 있는 밭의 거름처럼 될 것이므로, 이것을 보고 이세벨이라고 부를 사람은 아무도 없을 것이다' 하셨는데, 그대로 되었다"(왕하 9:36-47).

아합과 이세벨은 개의 섭취물이 되어 생을 마친 왕과 왕비가 되었다(왕상 21:19, 23). 이번엔 좀 밝은 분위기의 법정 드라마를 보자. 이방 여인 룻을 아내로 맞고 싶었던 보아스에게는 법적으로 처리해야 할 문제가 많이 있었다. 우선, 룻을 취할 수 있는 우선권이 자신에게 없었다. 이를 해결하기 위해 의회를 소집한 장면부터 보자.

> 보아스가 성문 위 회관으로 올라가서 앉아 있는데, 그가 말하던, 집안간으로서의 책임을 져야 할 바로 그 사람이 마침 지나가고 있었다. 보아스가 그에게 "여보시오, 이리로 좀 올라와서 앉으시오" 하고 말하였다. 그러자 그가 올라와서 앉았다. 보아스는 성읍 원로(장로) 열 사람을 청하여, 그 자리에 함께 앉도록 하였다. 그 사람들이 모두 자리에 와서 앉자(룻 4:1-2).

'성문 위 회관'은 의역이고 직역하면 '성문 앞'이다. 성문 앞 광장은 마을의 법적인 의회를 여는 장소이기도 했다. 아마도 이른 아침이었을 것이다. 성읍 사람들이 아침이면 대부분 성문을 지나 밖으로 나가서 일을 해야 했기 때문에, 이른 아침이나 해질녘에 성문에 나가 있으면 온 마을 사람들의 출입을 지킬 수 있었다(참조. 시 121:8). 때마침 보아스는 그 우선권을 지닌 이를 만났는데, 즉시 장로 열 명도 초청하여 의회를 구성한다. 이는 당시 마을에서 소소한 일들을 처리했던 의회 구성 과정을 보여 주는 귀한 정보다. 지금처럼 법원에 가서 복잡한 절차를 거치고 오래 기다리는 과정이 없던 시대며 장소였다. 당시 베들레헴 규모의 마을에서 합법적 의결을 위해 필요했던 장로는 열 명 정도였다.[42] 성문 밖으로 나가는 출근길에 느닷없이 요청된 의회였지만 즉각 구성된 것을 보니, 정말로 보아스가 베들레헴의 유력한 인물이었는가 보다. 위에서 본 이세벨의 농단 사건과 비교하여 보았을 때, 참으로 소박한 고대 이스라엘 한 마을의 생생한 현장이다. 보아스는 장로들 앞에서 그 책임질 자와 밀고 당기고 의견을 나누다가 결국 자신의 뜻대로 일을 마친다. 그 과정 가운데에는 일종의 상징적 행동을 하며 법적으로 일을 완결하는 절차가 눈에 띈다.

> 옛적에 이스라엘에는, 유산매매나 물물교환과 같은 일을 법적으로 분명히 할 때에는, 한쪽 사람이 다른 한쪽 사람에게 자기의 신을 벗어서 주는 관습이 있었다. 이스라엘에서는 이렇게 함으로써 일이 확정된다는 증거를 삼았다. 집안간으로서의 책임이 있는 그 사람이 보아스에게 "당신이 사시오" 하면서, 자기의 신을 벗어 주었다(룻 4:7-8).

이 본문도 매우 귀중한 역사적 정보가 아닐 수 없다. 성문화된 법률문에 의하면 이 규율은 다음과 같다.

> 홀로 남은 그 형제의 아내가, 장로들이 보는 앞에서 그에게 나아가서, 그의 발에서 신을 벗기고, 그의 얼굴에 침을 뱉으면서 말하기를 '제 형제의 가문 세우기를 원하지 않는 사람은 이렇게 된다' 하십시오. 그 다음부터는 이스라엘 가운데서 그의 이름이 '신 벗긴 자의 집안'이라고 불릴 것입니다(신 25:9-10).

성문화된 법률문에 의하면 신발을 '벗는' 것이 아니라 '벗기는' 행위다. 자기 형제의 아내가 과부가 되었는데도 돕지 않는 이를 창피 주기 위함이다. 그런데 고대 이스라엘의 한 마을에서 벌어진 실제 법정 절차를 보면 신을 벗긴 것이 아니라 스스로 벗었으며 그 행위를 통해 자신의 법적인 의사를 확인시키고 확정하는 것이었다. 우리는 여기에서 정치적·종교적 엘리트들에 의해 성문화된 법과, 장로들이 마을에서 관습대로 해오던 실제 법률 적용과는 차이가 있다는 것을 발견한다.[43] 사실 고대 사회에서 그 누가 중앙의 성문화된 법률문을 속속히 잘 알고 있었을까? 더 나아가 그 성문화된 법률문과 마을의 관습 중 무엇이 더 먼저였을까? 당연히 마을의 전통이 우선이었을 것이다. 혹 신명기의 법률문이 먼저라 하더라도 중앙의 성문화된 법률문이 지방의 장로들에게까지 제대로 전달되었을까? 강제성이 있었을까? 마을에서는 전통과 장로들의 헛기침이 제일 큰 권위였을 것이다.

  신을 벗어 상징과 증거로 삼는 행위는 지금으로 보자면 의회에서 어떤 절차나 의결을 선언하기 위해 의사봉을 의장이 두드리는 것과 비슷한 행위이다. 법정에는 이와 같은 상징적 행동이 많다. 위 이세벨 사건에서도 법정에 증인을 세우기에 앞서 금식을 선포한 것을 볼 수 있다. 그 법정에 참여하거나 연관된 사람들이 그 의결 과정을 준엄하게 여길 수 있도록 하는 행위이다. 지금 같으면 증인들이 선서를 할 때 한쪽 손을 들어 손바닥을 회중에게 노출하는 것과 같은 것이다. 좀 생소한 상징 행위가 창세기의 한 본문에 나오는데, 아브라함은 자기 며느릿감을 찾아 떠나는 종에게 자기 다리 사이에 손을 넣고 맹세하라고 한다(창 24:2-4). 지금 같으면 큰 오해를 불러일으킬 명령이다.

매우 가치 있는 의결 절차 기록을 에스라서에서도 발견할 수 있다. 포로기를 마치고 예루살렘에 돌아온 후 에스라는 외국인들과 결혼한 백성들을 강력하게 규탄한다. 포로로 잡혀갔다가 돌아온 백성들은 모두 예루살렘에 모일 것을 명령한다.

> 잡혀 갔다가 돌아온 백성은 모두 예루살렘으로 모이라는 명령이 예루살렘과 온 유다 땅에 내렸다. 사흘 안에 오지 않는 사람은, 지도자들과 원로(장로)들의 결정에 따라 재산을 빼앗고, 잡혀 갔다가 돌아온 백성의 모임에서 내쫓는다고 하니, 사흘 안에 유다와 베냐민 사람들이 모두 예루살렘에 모였다. 그 때가 아홉째 달 이십일이다. 온 백성이 하나님의 성전 앞뜰에 모여 앉아서 떨고 있었다. 사태가 이러한 터에, 큰비까지 내리고 있었기 때문이다(스 10:7-9).

당시에는 티브이도 이메일도 없었지만 백성에게 집결을 명령하고 모이기까지 사흘이면 충분하였나 보다. 그만큼 소박했던 사회였다.[44] 모이지 않는 이들은 귀환인들의 '모임'(qāhāl)이라는 기구에서 제한다고 하니, 아마도 모임을 명받은 이들은 이 기구의 일원으로서 집안의 대표가 되는 남성들일 것으로 추정된다. 모임에 불참하는 사유가 정당치 않은 경우 이를 지도자들과 장로들이 판단하여 그들의 재산까지 압류할 수 있었으니,[45] 회원 자격을 위한 징벌 장치로 이해할 수도 있겠다.

그다음 매우 흥미로운 장면이 나온다. 모이긴 하였으나 당장 처리하기에는 사안이 너무 크고, 마침 그들이 집결한 성전 앞뜰이 야외였기에 비를 피할 수가 없었다. 그 대안을 다음과 같이 논의한다.

> 그렇지만 여기에 모인 사람들의 수가 많고, 때가 장마철이므로, 이렇게 바깥에 서 있기가 어렵습니다. 더구나 이 일은 우리의 잘못이 너무나 커서, 하루 이틀에 처리될 문제가 아닙니다. 그러므로 대표(sar)를 뽑아서, 모든 회중의 일을 맡기는 것이 좋겠습니다. 마을마다 이방 여자와 결혼한 사람들에게는 날짜를 정하여 주어서, 그들이 자기 마을의 원로(장로)들과 재판장들과 함께 나오게 하고, 이 일 때문에 일어난 우리 하나님의 진노를 풀어 드리는 것이 좋겠습니다(스 10:13-14).

행정 일을 대표를 뽑아 능률적으로 처리하고자 하는 간접제가 발견된다. 물론 지금 우리가 아는 '간접민주정치'와는 차이가 있다. 대표자를 민주정치에서는 국민들이 뽑아야 하나, 당시 에스라 때에는 대표를 백성들의 의견을 공정히 반영하여 뽑았을 것 같지는 않다. 지방의 의회를 관할하는 자로서는 장로와 재판관이 언급되고 있다.

그리고 더 흥미로운 구절이 발견된다. 전 회원의 만장일치가 이루어지기에는 그날 의회가 너무 큰 모임이었다. 그래서 결국 '다수결'이 의결을 내린다.

> 오직 아사헬의 아들 요나단과 디과의 아들 야스야가 일어나 그 일을 반대하고 므술람과 레위 사람 삽브대가 그들을 돕더라. 사로잡혔던 자들의 자손이 그대로 한지라 (스 10:15-16; 개역개정).

과한 의역이지만 새번역 성경은 16절을 이렇게 번역한다. "포로로 사로잡혀 갔다가 돌아온 백성들은, 많은 쪽의 의견을 따르기로 하였다." 반대하는 이가 소수임으로 결국 백성들이 다수의 의견을 따랐다는 것이다. 결국 다수결에 따른 결정으로 이방 여자와 혼인한 가정은 가슴 아픈 생이별을 맞게 되었다. 이방 아내나 엄마뿐만 아니라 혼혈 자식들까지도 다 내어 쫓은 것 같다(스 10:3). 이 결정이 과연 온전히 정당한 것이었는지는 내부적으로도 논란이었다(참조. 사 56:6-7).

짧은 이야기

판타지아 천상의회

하루는 하나님의 아들들이 와서 주님 앞에 섰는데, 사탄도 그들과 함께 서 있었다. 주님께서 사탄에게 "어디를 갔다가 오는 길이냐?" 하고 물으셨다. 사탄은 주님께 "땅을 이리저리 돌아다니다가 오는 길입니다" 하고 대답하였다(욥 1:6-7).

어느 날 하늘에서 의회가 열렸다. 뜻하지 않게 회의 분위기는 싸늘하게 식어 버렸다. 그날은 이 땅을 감찰하고 돌아온 하늘의 정찰대가 하나님께 보고하는 날이었다. '하나님의 아들들'은 하나님의 사모님이 낳은 자식이란 뜻은 절대 아니다. 이는 천상의 존재를 일컫는 관용적 표현이다. 천사들로 생각하여도 무방하다. 성서뿐만 아니라 다른 고대 서아시아의 문헌들도 유사한 표현을 사용한다.[1] 하나님에게는 그 탄생의 전모를 알기 어려운 아들 하나만 있다고 후에 밝혀졌다. 예수라는 외아들이다.

그렇게 이 땅을 감찰하는 하늘 정찰대 중에는 특수한 임무를 지닌 존재도 있었다. '사탄'이라고 널리 알려져 있는데, 이 본문에서는 '고소자'로 번역하는 것이 더 옳다. 아마도 이 땅의 사정을 관찰하고 잘못된 것이 있다면 천상의회에 고소하는 직임을 맡은 것 같다. 직임상 늘 비딱하고 까칠한 존재라, 그날은 하나님이 사탄과 먼저 한 차례 하시고 편하게 회의를 진행하고 싶으셨나 보다. 그날따라 하나님은 좋은 기분을 망치고 싶지 않으셨다. 평소에 많이 예뻐하던 욥이 생각났기 때문이다.

꽤 형식적인 분위기의 회의였어야 했지만, 하나님은 기분이 한껏 올라 기특한 욥을 말하지 않을 수 없었다. 그런데 하필 찔러도 피 한 방울 나오지 않을 것 같은 사탄의 면상 앞에서 그 말을 하시고 말았다. "너는 내 종 욥을 잘 살펴보았느냐? 이 세상에는 그 사람만큼 흠이 없고 정직한 사람, 그렇게 하나님을 경외하며 악을 멀리하는 사람은 없다." 인간이 어찌 흠이 없고 악에서 온전히 떠나 있을 수 있겠는가. 하지만 욥만 보면 기분이 좋으신 하나님이 하늘 높이 욥을 칭찬하셨다. 그야말로 '칭찬'한 것인데 아차 싶으셨을 땐 이미 늦었다. 직업 정신이 충실하기로 둘째가라면 서러울 사탄이 그 말을 휙 낚아 버린다.

그러자 사탄이 주님께 아뢰었다. "욥이, 아무것도 바라는 것이 없이 하나님을 경외하겠습니까? 주님께서, 그와 그의 집과 그가 가진 모든 것을 울타리로 감싸 주시고, 그가 하는 일이면 무엇에나 복을 주셔서, 그의 소유를 온 땅에 넘치게 하지 않으셨습니까? 이제라도 주님께서 손을 드셔서, 그가 가진 모든 것을 치시면, 그는 주님 앞에서 주님을 저주할 것입니다"(욥 1:9-11).

냉철한 지적이었다. 이 세상 어느 인간이 받은 것도 없이 '공짜로' 하나님을 섬기겠는가? 너도, 나도, 욥도, 그 어느 성인도 지극한 이기주의에서 벗어날 수 있는 존재는 없다. 지금의 기독교인들도 마찬가지 아닌가? 죽어서 천국 간다는 보장은 받아 놓았으니 열렬히 하나님을 섬기고 때론 목숨도 바치는 것 아닌가? 하나님은 우리를 구원하시기 위해 십자가의 희생까지 치르시며 그야말로 공짜로 우리에게 은혜를 베푸셨지만, 사실 한참 모자란 우리 인간은 다 계산해 놓고 섬기는 것이다. 어느 인간도 복을 바라지 않고 하나님을 섬기는 이는 없다. 하나님도 이를 모르실 리가 없다. 그렇게 칭찬했던 욥도 사실 다를 바가 없다. 하늘에 이 의회가 열리기 직전, 욥의 지극한 신심을 묘사한 구절을 보라.

잔치가 끝난 다음날이면, 욥은 으레 아침에 일찍 일어나서, 자식들을 생각하면서, 그들을 깨끗하게 하려고, 자식의 수대로 일일이 번제를 드렸다. 자식 가운데서 어느 하나라도, 알지 못하는 사이에라도 하나님을 저주하고 죄를 지었을 수도 있다고 생각하여, 잔치가 끝나고 난 뒤에는 늘 그렇게 하였다. 욥은 모든 일에 늘 이렇게 신중하였다(욥 1:5).

역시 자식이 이유였다. 그의 열렬한 신앙 행위도 사실 자기 자식들이 혹여 잘못될까 봐, 이 땅의 여느 엄마 아빠처럼 하나님께 열심히 제사를 드린 것이다. 그래도 욥이 사랑스러운 걸 어찌하랴. 받는 게 있으니까, 울타리를 쳐주어 잘 먹고 건강하게 살도록 해주니까 자기를 열심히 섬겼다는 것을 하나님도 잘 알지만, 욥이 남들보다 더 열의를 내는 것이 기쁘셨던 것이다.

하지만 고소자 사탄은 하나님의 발언을 놓치지 않았다. 그가 내세운 것은 법이다. 법적으로 그 발언을 따져 보자는 것이다. 실증될 수 없다면 실언으로 비난받아야 한다. 우리 어머니가 "세상에 우리 아들보다 잘생긴 아이가 없어요" 하고 아들 자랑한 것뿐인데, 그 말의 장르는 무시하고 법조인이 법적 잣대를 들이대며 어머니를 고소한 것과 같은 경우라 할 수 있다(물론 누구든 내 얼굴을 보면 우리 어머니를 고소하긴 힘들 것이다).

결과가 어찌 될지 하나님이 모르실 리 없으셨건만, 하나님은 사탄의 제안대로 정말 욥에게 주었던 복을 거두어 보셨다. 욥은 정확히 욥기 2장까지는 하나님을 원망하지 않았지만, 3장이 시작하자마자 마치 지킬 박사가 하이드로 변하듯 돌변한다. 나중에는 저주에 가까울 만큼 하나님을 원망하기에 이르렀는데, 중간에 하나님이 회오리바람을 몰고 개입하셨기에 망정이지 아니면 사탄과의 내기에 질 뻔했다. 사탄 앞에서 하나님은 낯이 뜨거우셨을지 모르겠지만, 그래도 하나님은 욥을 챙기셨다. 마지막에 하나님은 욥을 다시 회복시켜 주셨다.

사탄의 지적이 원칙적으로는 정당하였다 할 수 있다. 다만 구약의 율법으로 보자면 전적으로 죄인인 인간을 그토록 아끼시는 하나님의 사랑이 사탄에게는 접수가 안 될 뿐이다. 사탄은 법적으로는 옳았다. 다만 싸가지가 없었을 뿐.

하나님은 인간을 법적으로는 옹호할 수 없다는 것을 모르실 리가 없다. 그래서 그냥 무조건 사랑하신다. 구약성서 기간 내내, 하나님은 이 눈치 없고 싸가지 없는 사탄에게 자주 압박을 당하셨을 것이다. 이 땅의 인간들을 빨리 법대로 처리하시라는 것이다. 구약은 율법의 시대다. 율법의 요구를 잘 이행해야 인간은 의인이 되어 하나님 앞에 설 수 있는 때였다. 그러나 인간은 그야말로 구제불능이었다. 으르고 달래고, 포로기라는 엄한 징계도 내리셨다. 결국 다시 고향으로 돌아오게 하셨지만 돌아온 그들은 포로기 전보다 심했으면 심했지 전혀 나아지질 못했고 실망만 줄 뿐이었다. 고소자 사탄도 한계점에 다다랐을 것이다. 이제는 빨리 인간을 법대로 심판 내려야 한다고 볼 때마다 지랄이다. 법대로 하자면, 인간에게는 죽음밖에 없다.

드디어 천상의회가 열렸다. 인간을 총체적으로 고소하는 날이다. 사탄은 이를 갈고 의회에 서 있었다. 가장 흉악한 범죄인들을 변호하기로 유명했던 자크 베르제가 인간을 변호하겠다고 나섰다. 정말로 인간의 죄가 흉악하긴 한가 보다. 창조주인 하나님이 그 피조물, 그 자식인 인간을 사랑하신다 하여도 법은 냉철했다. 법은 서로간의 약속이기 때문이다. 그 규칙을 어기면 어떤 존재도 동등하게 죄인이 될 수밖에 없다. 하나님은 늘 이 약속에 약하셨다. 심판보다는 축복의 약속에만 철저하신 것이 취약점이다. 오죽하면 인간들이 이런 가사의 노래를 애창하였겠는가.

> 주님은 자비롭고, 은혜로우시며, 노하기를 더디하시며, 사랑이 그지 없으시다(시 103:8).

법대로 해야 하는 것 아닌가. 그런데 왜 노하기를 더디하시는가. 사탄의 고소는 점점 더 날카로워진다. 자크 베르제가 인간의 자유의지가 어쩌니 예정론이 어쩌니 하며 변론을 펴 갔지만 하나님의 얼굴은 점점 어두워져 갔다. 결국 하나님이 일어나 입을 여신다. 법대로 죄의 대가인 죽음을 내리자 하신다. 그런데 그 죽음의 형벌을 인간들 대신 다른 희생물이 받게 하자고. 말이 떨어지자마자 사탄은 벌떡 일어나 위법이며 편법이라고 소리친다. 그 벌을 반드시 인간이 받아야지 누가 대신 받느냐는 것이다. 누가 나 대신 군대에 가준다면 고마운 일이지만, 위법인 것처럼 말이다.

누가 그 죽음을 대신하려는지 자크 베르제도 어리둥절해졌다. 그 순간 하나님이 선언하셨다. 내 아들 예수를 내어 줄

테니 대신 죽음을 맞게 하라는 것이다. 인간은 나의 피조물이니 내가 책임지겠다고 하신다. 한 아버지가 겪을 수 있는 가장 큰 고통이 그 외아들을 잃는 것인데.

그래도 이건 편법인데 하면서 사탄은 속으로 중얼거리긴 했지만, 그 누구도 감히 입을 열지 못했다. 자기 아들마저 내어 주는 사랑에 싸가지 없는 사탄도 이번에는 할 말을 잃었다. 하나님은 사랑하는 죄인을 위해 모든 것을 내어놓은 것이다. 자크 베르제는 크게 고개를 끄덕였다. 자기도 한때 죄인으로 판정받은 자를 사랑하여 결혼까지 하였던 터이다. 결국 이 천상의회는 모두가 할 말을 잃은 채 끝나고 말았다.

> 자기 아들을 아끼지 아니하시고 우리 모든 사람을 위하여 내주신 이가 어찌 그 아들과 함께 모든 것을 우리에게 주시지 아니하겠느냐(롬 8:32).

사탄은 분위기 봐서 또다시 문제를 제기할 것이다. 그러나 율법이 무서워서가 아니라, 감사가 넘쳐 율법을 잘 지키는 인간이 늘어난다면 사탄은 영원히 기회를 찾지 못할 것이다.

주

1장

1) 위 로마서 8장 32절이 창세기 22장 사건을 염두에 두고 있다는 논의에 대하여 다음을 참조. James D.G. Dunn, *Romans 1-8*, 500-502면.
2) 레 18:21; 20:2-5; 신 18:10; 왕하 16:3; 21:6.
3) 참조, Jeffery H. Tigay, *Deuteronomy*, 196-197면. 저자는 부모가 자식을 죽인다는 것은 경고하고 위협을 주려는 교육적 표현일 뿐 실제 그런 처단은 없었을 것이라는 의견을 소개하고 있다. 그러나 성서 안팎의 여러 증언들은 이와 상충한다.
4) 참조, 기민석, 《구약의 뒷골목 풍경》, 246-267면.
5) 참조, Berlin 외 2인, *The Jewish Study Bible*, 145면(Exodus 21:13-14 각주); Sarna, 《Exodus》, 122면.
6) 의도치 않은 실수로 범죄한 경우 어떤 규례로 해결하였는지 다음을 참조하라. 레 4장, 민 15:27-29.
7) 민 35:19-21; 신 19:11-12; 창 4:23-24. 참조. 기민석, 《구약의 뒷골목 풍경》, 248-251면. Hans Jochen Boecker, *Law and the Administration of Justice in the Old Testament and Ancient Orient* 36-40, 151, 161-162, 171-175면. 피의 복수는, 어려움에 처한 사람을 그의 가까운 친족이 도와주어야 한다는 고대 이스라엘의 '고엘'(go'el) 제도와 근본적으로 같은 맥락 속에 있는 것이다. 이에 대하여 다음을 참조, Butler, *Joshua 13-24*, 202-203면; 레위기 25:26-28, 46-50.
8) Martin Noth, *Numbers*, 254-256면. 그래도 Boling과 Wright는 도피성 제도

를 매우 고대의 것으로 여긴다. 역사서에는 도피성에 관한 구체적 언급이 없기는 하다. 참조, Boling외 1인, *Joshua*, 473면.

9) 그런데 성경을 평소에 좀 읽었다는 독자라면 혼돈이 올 것이다. 도피성을 언급하는 여호수아의 기록은 요시야 왕의 종교개혁보다 훨씬 앞선 시기에 벌어진 일이기 때문이다. 연대 때문에 혼돈스러워진다. 설명을 드리자면, 성서의 많은 기록은 그 일이 발생했던 때와 그 일이 기록되던 시기 사이에 시간적 간극이 있다. 여호수아서의 정황은 이스라엘이 가나안 땅에 막 정착하던 시기이기 때문에 이스라엘에 왕국이 서기도 전, 즉 적어도 기원전 11세기 이전의 사건을 기록한 책이다. 그러나 여호수아서 자체가 지금과 같은 문헌으로 형성된 시기는 기원전 7세기 후반으로 추정된다. 물론 성경 각 권의 저작 연대를 단정 짓기는 어려운 일이다. 성경의 많은 본문들은 사건을 보고하는 시점보다 훨씬 이후의 문화와 경험이 반영되어 쓰인 경우가 많다. 이스라엘의 왕국기 이전의 기록 중 나라의 구체적인 행정 조직과 기구들에 대한 설명이 나온 본문은 대부분 후대 정황을 반영하는 것이라 보면 된다. 이와 연계하여, 구약성경의 핵심이면서 첫 다섯 권인 '오경' 혹은 '토라'(Torah, 가르침, 율법)의 형성에 관한 간략한 이해를 위해 다음을 참조 바란다. Water Brueggeman, *An Introduction to the Old Testament*, 15-27면이며 한글 번역은 월터 브루그만, 《구약개론》(기독교문서선교회, 2007). 또 Rainer Albertz, *A History of Israelite Religion in the Old Testament Period*, Vol. II, 464-493면을 참조, 한글 번역은 라이너 알베르츠, 《이스라엘 종교사 II》(크리스챤다이제스트, 2003), "공동체 정체성 확보를 위한 투쟁" 부분을 보라. 한동구, 《오경이해》(프리칭아카데미, 2004), 16-33면도 참조.

10) Butler, *Joshua 13-24*, 202-203면. 저자는 왜 대제사장이 죽어야 그 도피한 이가 자유롭게 자기 성읍으로 돌아갔는지 간략하게 소개하고 있다. 대제사장의 죽음으로 도피한 이의 죗값이 비로소 대속된다고 여겼을 수도 있고, 혹은 도피한 이가 대제사장 아래에서 일을 하였기 때문에 새 대제사장이 오면 새로운 일꾼이 세워지는 것이 합당하여 도피성을 떠나는 것이라 이해되기도 한다.

11) 그러나 이런 도피성 제도가 고대 이스라엘 사회에 실질적으로 적용되었을지 아래 저자는 회의적이다. 고대 사회에서 중앙의 제도화가 얼마만큼 지방 곳곳까지 도달하여 실행되었을지도 의문이다. 참조, G. von Rad, *Deuteronomy*, 128면.

12) 참조. 시 7:7-12; 9:8-9; 10:14-18; 17:2; 26:1-3; 28:3-4; 68:6; 74:21; 76:10; 94:1-7; 96:10-13; 97:2; 98:9; 99:4; 146:9; 암 5:21-24; 미 6: 6-8.
13) 위 본문에서 '주검'은 히브리어 원어로 '할랄'(ḥalal)이라 부르는데, 이는 주로 칼 같은 무기나 기구에 의해 상처 입은 시체를 가리킨다. Tigay, *Deuteronomy*, 191면.
14) 그러나 억울한 죽음을 당한 이를 위한 제의적 희생(엄격히 말하면 희생 제의를 하는 것은 아니지만)은 위 본문이 말하는 것처럼 사건 현장에서 가장 가까운 성읍에서 책임지곤 하였다. 고대 서아시아에서 범인을 알 수 없는 사건이 발생할 경우 대개 그 사건이 벌어진 곳에서 가장 근접한 곳 사람들이 책임을 졌다. Tigay, *Deuteronomy*, 192면, 고대 바벨론의 함무라비법 23-24 조항 참조. 고대 히타이트 법 6조항에 의하면, 어떤 사람이 다른 마을에서 살해를 당하면 살해당한 사람의 상속자에게 그 마을에서 상당량의 땅이나 재산을 떼어 주게 되어 있다. 참조, Roth, *Law Collections from Mesopotamia and Asia Minor*, 219면. 고대 이스라엘에서는 사람의 억울한 죽음은 재산이나 금전으로 속량할 수 없으며 반드시 제의적 희생으로 해결하였다. Tigay, *Deuteronomy*, 192면.
15) 위 본문에서 피가 땅에서 울부짖는다고 할 때, '울부짖다'를 나타내는 히브리어 원어 '차아크'(ṣa'aq)는 법적 호소를 의미할 수도 있다. Sarna, *Genesis*, 34면.
16) 특히 희생제의의 역할에 대하여는 르네 지라르의 저명한 저서와 그의 이론을 다룬 다음 저서들을 참조하라. René Girard, 《폭력과 성스러움》; Hamerton-Kelly (편집), *Violent origins*; Williams, *The Bible, Violence, and the Sacred: Liberation from the Myth of Sanctioned Violence*. 암송아지를 죽이는 것은 피로 더럽혀진 땅을 정결하게 하는 의식으로 이해될 수 있으며 그 성서적 근거도 충분하다. 민수기 35장 33-34절을 보라. "너희가 사는 땅을 더럽히지 말아라. 피가 땅에 떨어지면, 땅이 더러워진다. 피가 떨어진 땅은 피를 흘리게 한 그 살해자의 피가 아니고서는 깨끗하게 되지 않는다. 너희가 사는 땅, 곧 내가 머물러 있는 이 땅을 더럽히지 말아라. 나 주가 이스라엘 자손과 더불어 함께 머물고 있다." 사무엘하 21장 14-15절, 레위기 16장 10절, 20-22절도 참조하라. 참조, 강성렬 외 14인, 《신명기》 418-420면.

17) 사사기 마지막 부분에서 폭력과 희생이 순환되고 확대되어 가는 양상과 그 현대적 의미, 신학적 문학적 기능을 빼어나게 관찰한 다음 논문을 참조하라. 정원제, '파괴된 몸, 파괴된 사회: 사사기 19-21장에 드러난 희생과 집단적 광기에 관한 내러티브 연구.'

2장

1) 여기서 가나안 땅은 지금의 팔레스타인-이스라엘 지역을 가리키는 것이며, 사막은 이 지역의 동쪽과 남쪽, 동남쪽에 있는 사막 지대를 가리킨다. 대략 트랜스요르단, 네게브, 시나이 반도에 위치하고 있으며, 성경은 히브리 전직 노예들이 약 40년간 사막 생활을 하였다고 기록한다.
2) 과거의 반성과 회고라 하여 역사적 실체가 없는 허구는 아니다. 16세기의 이순신 장군에 대한 회고록을 21세기에 쓴다고 하여 허구가 아닌 것처럼 말이다. 도피성 제도나 살인자에 대한 법률도 그 전승의 핵 속에는 역사적 경험이 죽지 않고 맥락을 유지하고 있다. 민수기의 전승과 역사적 경험과의 관계를 간략히 설명한 다음의 자료를 참조하라. Budd, *Numbers* xxvi-xxxi.
3) 반면 이런 '왕의 법'이 일반 서민들보다는, 왕 다음의 사회적 기득권자인 엘리트 계층들이 자신들의 힘을 왕의 힘으로부터 보호하려고 고안한 법이라고 이해되기도 한다. 참조, Nelson, *Deuteronomy*, 225면. 신명기의 이와 같은 왕 이해는 왕의 출현을 신화적으로 그리거나 왕을 거의 신이나 신의 대리인으로 여기는 주변 서아시아 민족의 왕 개념과 사뭇 다르다. 참조, Tigay, *Deuteronomy*, 166면.
4) 이에 대한 간략한 이해는 기민석,《구약의 뒷골목 풍경》, 196-244면을 참조하라. 상세한 이해를 위해서는 다음 저서를 보라. 이희학,《이스라엘 왕국의 역사》.
5) 참조, 한동구,《신명기 개혁운동》.
6) 한동구,《신명기 개혁 운동》, 43면.
7) 앞 장에서 도피성과 살인자의 의도성 등을 면밀히 다룬 예로 민수기 35장을 보았다. 대표적으로 민수기야말로 이스라엘을 '공동체'로 의식하며 그 참된 윤리를 과거와 현재를 아울러 목소리 높이고 있는 역사적 산물로 볼 수 있다. 참조, Budd, *Numbers*, xxv, xxxi.
8) 'Leaked Documents Reveal Dothan Police Department Planted Drugs on Young Black Men For Years, District Attorney Doug Valeska

Complicit', The Henry County Report: http://henrycountyreport.com/blog/2015/12/01/leaked-documents-reveal-dothan-police-department-planted-drugs-on-young-black-men-for-years-district-attorney-doug-valeska-complicit/ (2015년 12월 1일자 기사)

9) 본문의 다른 버전인 사마리아 오경에는 재판관이 아닌 다른 용어로 나타나기도 하는데, '감독관' 정도로 번역될 수 있다. 강성열 외, 《신명기》, 417면.

10) 고대 의회제도의 이러한 한계점은 고대 서아시아 지역에서 원시 민주주의의 흔적을 찾는 데 선구적 역할을 하였던 야콥슨(T. Jacobsen) 자신도 인정하는 바였다. 그 증거를 제시한 다음 자료를 참조하라. W. L. Moran, *Toward the Image of Tammuz and Other Essays on Mesopotamian History and Culture – Thorkild Jacobsen*, 204-7면.

11) 때문에 이 연구는 '종교적 문헌' 즉 구약 성서나 고대 서아시아의 문헌이 얼마만큼, 어떻게 '사회적 현실'을 반영하는지 보여 줄 것이다. 자료들 대부분이 상당히 '종교적' 혹은 '신화적' 성격을 지니고 있으며, 이 종교적/신화적 자료들이 인간 사회의 현실적 상황을 반영할 수 있다는 것이 본 연구에 적용될 근본 원리가 될 것이다. 이 원리는 야콥슨(T. Jacobsen) 자신의 기념비적 논문인 'Primitive Democracy in Ancient Mesopotamia' (Journal of Near Eastern Studies, 1943)에서 고대 메소포타미아의 의회 제도를 연구하기 위하여 적용하였고, 이 논문은 이후 몇몇 학자들이 고대 서아시아 의회 제도를 연구하는 데 큰 영향을 미쳤다. G. Evans, 'Ancient Mesopotamian Assemblies'; J. Macdonald, 'An Assembly at Ugarit?'; L. K. Handy, *Among the Host of Heaven: The Syro-Palestine Pantheon as Bureaucracy*; R. Gordis, 'Democratic Origins in Ancient Israel-The Biblical ÊDÂH'. 고대 메소포타미아 지역의 역사와 문명 이해를 위하여 다음의 유익한 저서를 참조하라. 조르주 루, 《메소포타미아의 역사》, 김유기 옮김.

12) R. Gordis, 'Democratic Origins in Ancient Israel-The Biblical ÊDÂH'.

13) 우가릿(Ugarit)은 시리아의 라스 샴라(Ras Shamra)에서 발굴된 고대 항구도시인데, 기원전 약 15세기부터 중흥·발달하였으며 12세기경에 쇠퇴한 것으로 알려졌다. 1928년도에 처음 발굴되기 시작하였으며, 발굴된 많은 종류의 문헌 중 바알-하닷 신과 관련된 신화는 특히 구약 시대 이스라엘의 배경이 되는 가나안의 종교를 반영한다 여겨져 성서학자들의 큰 관심을 받으며 연구되어 왔다.

14) 많은 다른 문헌들이 간과되었는데, 특히 신-앗시리아 문헌과 함께 메소포타미아 문헌들이 많이 다루어지지 못한 것이 큰 결점이다. 신-앗시리아 쪽은 다음의 연구를 주목할 필요가 있다. S. Parpola, *Assyrian Prophecies*; M. Nissinen 'Prophets and the Divine Council'. 메소포타미아 쪽은 고대 서아시아의 문헌 중 가장 풍부하고 의미 있는 '의회' 관련 문헌들을 제공하고 있다. 비록 많은 경우 신들의 의회인 소위 '천상의회'(天上議會, heavenly/divine council)를 묘사하고 있지만, 이 신화를 통하여 역으로 인간 사회의 의회 모습을 쉽게 찾아낼 수 있다. 여기서 천상의회란 신들의 각종 모임을 의미하며, 이에 대한 최근의 연구는 다음의 저자 논문 참조하라. Min Suc Kee, 'The Heavenly Council and Its Type-Scene' / (한글 역) 기민석, '천상의회의 전형적 기술에 대한 관찰'. 반면 천상의회의 묘사가 인간 사회의 의회가 그대로 반영된 것이라고 너무 단순히 받아들이는 것을 경고한 학자도 있다. 천상의회가 인간 의회와 같은 방식으로 조직되고 운영된다는 것은 '은유적' 묘사일 뿐, 사실 신들 세계의 조직력과 유기적 연합을 의미할 뿐이라는 것이다. S. Parpola, *Assyrian Prophecies*, XXL, LXXXII 각주 25.

15) 잠시 용어 정리를 하자. 고대 이스라엘의 의회제도에 대한 주 연구 자료에는 이스라엘 측의 '구약성서'가 있다. 구약성서는 본래 이스라엘 유대교의 정경인 타나크(Tanakh)를 가리키는 것이다. 기원후 1세기 고대 유대 사회에 출현한 예수 운동이 기독교로 발전하면서 예수의 어록과 행적을 담은 복음서와 이후 그 신학적 담론을 담은 여러 서신들을 기독교인들은 '신약성서'라 불렀으며 타나크를 '구약성서'라 명명하였다. 유대교인들이 많이 사는 서구 학술 사회에서는 종교적으로 중립적일 수 있는 '히브리 성서'라는 용어를 사용하기도 한다. 구약성서가 대부분 히브리어로 쓰였기 때문이다. 그러나 유대교에 익숙하지 않은 한국에서는 가장 친숙하고 정확한 용어로 '구약성서'를 사용하는 것이 적절하다.

3장

1) 장로들은 '성문 앞 광장'에서 마을의 대소사를 판결하거나 젊은이들에게 가르침을 주기도 했다. 욥이 그와 같은 일을 했던 것으로 성경은 보고하는데 (욥 29:7-8) 그는 어마어마한 부자이기도 하였다(욥 1:1-5).

2) 히브리어로 '맡테'(maṭṭeh) 혹은 '쉐이벹'(shēbeṭ)이라 하며 영어로는 'tribe'로 주로 번역된다.

3) 히브리어로 '미쉬파하'(mišpāḥâ)이며, 영어로는 'clan' 내지는 'family'로 번

역된다. 자체적 군대도 조직할 수 있는, 일상적 의미의 가족(family)보다 훨씬 큰 친족 집단이다.
4) 히브리어로 '베이트-아브'(bêt-'āb)라 한다.
5) C. J. H. Wright, 'Family', 763-66.
6) 본래 유대 전통에서는 '가르침'(teaching)이나 '지침'(instruction) 등으로 해석될 수 있는 히브리어 '토라'(Torah)로 이 다섯 권을 지칭하였다. 후대에 이를 '율법서'라 부른 것이다. 오경이 법률만으로 이루어진 것은 아니기에 토라를 율법이라고 직역하는 것이 적절치는 않지만, 오경의 정중앙은 법률문으로 가득하다.
7) 다음 본문도 참조하라. 잠 1:8, 33; 4:10; 12:15.
8) 복수로 '쇼프팀'(shōpṭîm)이라 부른다. 이 단어의 어근은 동사로 '재판하다'라는 뜻을 지니고 있으며, '쇼프팀'은 우리말 개역 성경에 '사사'로 표기되어 있기도 하다.
9) 꽤 후기로 잡은 연대 측정에 의하면 역대기적 역사서들, 즉 역대기와 에스라-느헤미야서는 기원전 300-200년 사이에 형성되었고 최종 편집은 기원전 2세기 중반일 것으로 보인다. Kaiser, *Introduction to the Old Testament*, 183-185면.
10) 뒤이어 27-31절은 그가 보낸 선물의 수혜자 범위가 훨씬 방대하였다고 말한다.
11) 참조. Ralph W. Klein, *1 Samuel*, 284면.
12) 참조. 이희학, 《이스라엘 왕국의 역사》 / 기민석, 《구약의 뒷골목 풍경》, 214-245면.
13) 고대 서아시아 지역의 주요 언어들을 셈어(the Semitic)라 부르는데, 이 언어군의 어근 'mlk'는 의회 안에서 '조언을 하다'라는 뜻과 왕이 '다스리다'라는 뜻 모두를 담고 있다. 그만큼 '의회'와 '왕권'은 고대 서아시아에서 연계적 관계가 있다고 볼 수 있다. 각종 셈어들 속에 나타나는 'mlk'의 의미론적 상관관계 발전 연구는 저자의 다음 논문을 참조하라. Min Suc Kee, 'Semantic Development of mlk within the Council System of Ancient Mesopotamia', 295-304면.
14) 고대 문명의 발상지 중 하나인 티그리스-유프라테스 강 주변 지역을 가리켜 '메소포타미아'라 부른다. 지금의 이라크와 쿠웨이트, 시리아 북동부, 터키의 남부 일부, 이란의 남서부를 아우르는 지역이다. 이집트와 더불어 고대 이스라엘에 가장 큰 문화적·정치적 영향을 끼친 고도의 문명 지역이기도 하다.

15) T. Jacobsen, 'Primitive Democracy in Ancient Mesopotamia', 166, 각주 44.
16) 아시리아 판(ANET, 81). 여기의 '장로'는 ši-bu-tum 이며, 연로한 자나 장로, 증인 등을 뜻한다(CDA, 370).
17) 우리말 개역개정이나 새번역 성경에는 '악을 떠난다', '멀리한다'로 번역되어 있다. 그러나 해당 히브리어 동사 'sûr'를 고려해 보자면 더 정확하게는 악을 피하는 것 혹은 비껴가는 것으로 이해하여야 한다.

4장

1) "회중 앞에서"의 원문을 직역하자면 "회중 앞에 서서"이다. 구약 성서 및 고대 서아시아 문헌에서 일종의 재판을 받는다는 전형적 표현이 의회나 의회의 의장 "앞에 서서"이다. 그 용례에 대하여는 저자의 다음 논문을 참조하라. Min Suc Kee, 'The Heavenly Council and Its Type-Scene', 263-68면.
2) 장로가 등장하는 신명기 19장의 전승과 회중이 등장하는 민수기 35장의 전승이 결합된 것으로 여호수아 20장을 보기도 한다. 참조, Trent C. Butler, *Joshua*, 214-16면.
3) 참조, BDB, 417a; 'congregation; company assembled together by appointment'.
4) 회중이라고 번역된 말을 그 역할을 살펴보아 '의회'라는 의미로 받아들일 필요가 있는 것처럼, 고대 서아시아 문헌들을 통해 '의회'를 연구할 때 주의를 기울여야 한다. 영어의 예를 들어 보자. 의회로도 번역되는 'council'은 두 가지 의미를 동시에 지닌다. 하나는 사람들이 모인 물리적 몸체, 즉 'totality'나 'body'이고, 또 하나는 그 물리적 모임 속에서 벌어지는 일, 즉 'process'나 'event'를 가리킨다. 때문에 히브리어 '에이다'는 모여 있는 사람들의 물리적 몸체를 의미하기도 하고, 그 모임 안에서 벌어지는 사건이나 과정을 의미할 수도 있다. 영어로 보자면 전자는 'assembly'로, 후자는 'council'로 볼 것이다. 고대 서아시아 문헌 속 여러 '모임'도 이와 같은 점을 고려하여 이해하고 번역하여야 할 것이다. 예를 들어, 우가릿의 바알 신화를 보면 같은 '모임'이 하나는 (신들의) '지정된 모임/의회'로, 또 하나는 단순히 '신들의 모임'으로 기록되었다. 바로 KTU 1.2.i 의 pḫr mʻd와 KTU 1.4.iii 14로 pḫr bn 'ilm인데, 여기서 pḫr는 모임이나 의회를 가리키는 말이다. 전자에서, mʻd는 히브리어 '에이다'와 같은 어원으로서 특별히 지정하여 모이는 모임, 즉 의회를

가리킨다. 반면 bn 'ilm는 직역하자면 '신들의 아들들'로서 그냥 모여 있는 물리적 모임의 성격을 지니고 있다. 이와 같은 차이를 각별히 주의하여 번역한 좋은 사례가 있다. 바벨론의 신화 '에누마 엘리쉬'를 번역한 저자들은 pḫr를 그 모임의 정체에 따라 '의회'(Assembly)로 번역하기도 하고 '너희 모두'(all of you)로 번역하기도 하였다(Enuma Elish Tab V 125-28; Landsberger, B 와 J.V. Kinnier Wilson, 'The Fifth Tablet of Enuma Eliš'). 아래 저자도 같은 시각에서 pḫr m'd는 mpḫrt ilm('신들의 모임')가 모여 사법적 집행을 하는 모임이라고 한다(Macdonald, J., "An Assembly at Ugarit?", 515-26). 참조, Min Suc Kee, *A Study of the Heavenly Council in the Ancient Near Eastern Literature and Its Employment as a Type-Scene in the Hebrew Bible*, 114-17면.

5) 그 명칭들은 히브리어로 다음과 같다. '소드'(sôd), '도르'(dōr), '모에이드'(môēd), '카할'(qahal), 등. 이렇게 의회가 여러 이름으로 불리고 있지만, 위에서 우리가 살펴본 주요 의회가 '에이다'('ēdâ)로 불리는 것에는 그만한 이유가 있을 것이다. 심각한 사법적 결단을 내리는 의회였기에 분명 이 명칭은 그 심각성을 내포하리라 본다. 하늘에서 신적인 존재들이 모여 회의를 하는 천상의회(天上議會)의 기록을 통해 그 용례를 살펴볼 수 있다. 신화는 인간 사회의 여러 기구와 기제를 반영하고 있기 때문에, 천상의회의 연구를 통하여 인간 사회의 의회를 역추적할 수 있는 것이다. 의회를 뜻하는 여러 히브리어 명칭들, 즉 '소드'(sôd), '도르'(dōr), '모에이드'(mô'ēd), 그리고 히브리어와 매우 근접한 우가릿어의 m'd, pḫr, 'dt를 비교해 보면 유용하다. 이를 통해 우리는 '에이다'('ēdâ)가 여타 모임보다 무게 있는 모임을 반영함을 알 수 있다. 이에 대하여 저자의 다음 논문을 참조하라. 기민석, '시 82편: 우가릿의 목소리, 이스라엘의 노래', 113-19.

6) 참조. Min Suc Kee, *A Study of the Heavenly Council in the Ancient Near Eastern Literature and Its Employment as a Type-Scene in the Hebrew Bible*, 32-67면. 이 다양한 모임의 성격은 메소포타미아 지역의 신화적 종교적 문헌에 나타난 신들의 회의 즉 천상의회(天上議會)를 통해 관찰된 것이다. 메소포타미아 문헌들은 고대 서아시아 문헌 중 그 양과 질이 가장 풍성한 천상의회 기록을 전해 주는 자료다.

7) 구약 성경의 여러 모임은 주로 '에이다' 혹은 '카할'로 표기되는 경우가 많다. 이 둘 간의 차이를 파악해 보려는 시도가 있다. Selbie, 'Congregation'

/ Kennedy와 Stinespring, 'Congregation, Assembly' / Gordis, R., 'Democratic Origins in Ancient Israel-The Biblical 'ÊDÂH', 377-8면. '에이다'는 종종 동물 무리들을 가리킬 때도 쓰였지만 '카할'은 그렇기 않기 때문에 '카할'이 더 격이 높다고 여겨지기도 했다. 그러나 저자의 연구에 의하면 '카할'은 구약성서 이외 자료에서는 격이 높은(?) '천상의회'를 가리킨 적이 없고 '에이다'는 매우 자주 사용되는 것으로 보아 둘 간의 격 차이를 단정 내릴 수는 없다. 구약성서 내에서 이 둘은 서로 바꾸어 써도 무방할 만큼 차이가 없어 보이지만, 아래 저자의 분석처럼 시대에 따른 용례 차이가 있을 것이다. 그는 이스라엘이 가나안에 정착하기 전 문헌에는 '에이다'가 주로 나오고, 왕국기 이후 문헌에는 '카할'이 '에이다'를 대체하였을 것으로 본다. Milgrom, J. *Numbers*, 335면. 참조, Min Suc Kee, *A Study of the Heavenly Council in the Ancient Near Eastern Literature and Its Employment as a Type-Scene in the Hebrew Bible*, 25-26면.

8) 특히 수메르와 바벨론의 고대 도시인 니푸르(Nippur)의 '의회'는 왕권 아래 그 정치적 권한은 축소되었어도 사법적 권한은 여전히 권위가 있었던 것으로 보인다. W. L. Moran, (ed.), *Toward the Image of Tammuz and Other Essays on Mesopotamian History and Culture*, Thorkild Jacobsen, 204면. 더불어 여호수아서 9장 11절을 보라. 이스라엘이 가나안에 정착하기 전, 그 땅에 살던 히위 사람 기브온 주민들은 왕정 아래 있었지만 '장로'들의 명령 내지는 권유로 중대한 외교적 결정을 했다는 표현이 나온다.

9) 참조, Hans Jochen Boecker, *Law and the Administration of Justice in the Old Testament and Ancient East*, 108-114면. / 기민석, 《구약의 뒷골목 풍경》, 116-139면.

10) ANET, 386.

11) 수메르와 바벨론 문명의 도시이며, 현재 이라크 남동쪽에 위치하여 있다. 'Nuffar'로도 알려져 있다.

12) 위 기도문의 '의회'는 아카드어 원문에서 puḫru이며 이 어휘는 아카드어 문헌에서 의회를 의미하는 대표적인 단어다(CDA, 277). 위 기도문의 아카드어 음역은, 비록 ANET의 것과 구절 순서에 차이가 있지만, 다음을 참조하라. King, *Babylonian Magic and Sorcery*, 3-4면. 같은 어근의 우가릿어 pḫr도 의회를 나타내는 대표 어휘로 쓰인다. Kee, 'The Heavenly Council

and Its Type-scene', 261, 각주 4.

13) CDA, 279.

14) Kee, 'The Heavenly Council and Its Type-Scene', 269.

15) 위 두 본문인 열왕기상 22:19-22와 이사야 6장의 연관성, 그리고 이사야 6장 천상의회 장면의 의의에 대하여 다음 논문을 참조하라. 기민석, '우가릿 문헌 KTU 1.16.v와 이사야 6장을 비교하여 살펴본 이사야의 사명과 신정론.'

16) 백성에게 벌을 내리시려는 결정은 이미 이사야 1장에서 내려졌던 것으로 보기도 한다. 참조, Watts *Isaiah 1-33*, 73면.

17) 이 구절의 '우리'는 창세기 3장 5절에서 언급된 두 번째 '엘로힘'('ĕlohîm, "신들"), 즉 천상의 존재들을 가리킨다. 참조, Sarna, *Genesis*, 25, 30.

18) 참조, 허쉘 생크스, 《유일신 신앙의 여러 모습들-야훼 하나님은 어떻게 한 분이신가》, 33-76면. / 기민석, '시 82편: 우가릿의 목소리, 이스라엘의 노래', 121-28면.

19) 이 다양한 해석들을 잘 정리한 다음 논문을 참조하라. 전대하, 《창세기에 나타난 하나님의 복수 인칭 사용 연구(창 1:26; 3:22; 11:7)》, 14-25면. 이 외에 다양한 의견들을 보기 위해 다음 저서들을 참조하라. Wenham, *Genesis 1-15*, 27-28, 85, 241 / Polley, 'Hebrew Prophecy Within the Council of Yahweh, Examined in Its Ancient Near Eastern Setting', 148 / Von Rad, *Genesis*, 145 / Skinner, *Genesis* / Speiser, *Genesis*, 7, 75 / Westermann, *Genesis 1-11*, 144 아래.

20) Kee, *A Study of the Heavenly Council in the Ancient Near Eastern Literature and Its Employment as a Type-Scene in the Hebrew Bible*, 14, 263-4. 예외의 경우로 볼 수 있을 만큼 매우 다신론적인 천상의회의 흔적이 남아 있기도 한데, 시편 82장과 신명기 32장 8-9절이 그런 경우라 할 수 있다. 참조, 기민석, '시 82편: 우가릿의 목소리, 이스라엘의 노래'.

21) 인간 창조에 관한 창세기 1장 26절이 일종의 '선언'인가, 의회의 '결정'인가 논의가 있었다. 역시 고대 서아시아 문헌의 예를 고려해 본다면 의회를 통한 결정이라는 결론에 더 무게가 간다. Westermann, *Genesis 1-11*, 144면. 여기에서 위의 저자는 이 구절의 배경을 반드시 천상의회로 보지는 않는다.

22) 원역사란 계측 가능성을 넘어선 역사 이전의 역사(prehistory)이다. 창세기는 1-11장과 12-51장으로 크게 나뉘는데, 전자인 원역사는 우주와 인간의 탄생, 기원, 타락을 보고하고 있으며, 12장부터는 아브라함부터 시작하여 이스라엘 민족의 기원이 되었던 족장들의 이야기를 보고하고 있다. 전자는 보편적인 인류의 기원을, 후자는 국수적으로 이스라엘의 기원을 다루는 것이다.

23) Sarna도 같은 의견을 말한다. Sarna, *Genesis*, 12면.

24) Heidel, *The Babylonian Genesis*, 64면. 구약성경의 욥기 38장 4-7절도 하나님의 창조 행위에 천사들이 참여하였음을 암시한다.

25) 이를 간략하게 정리한 저자의 다음 논문을 참조하라. Kee, 'The Heavenly Council and Its Type-Scene', 259, 각주 1.

26) 참조, Cylinders of Gudea / Jacobsen, *The Harps that Once ··· Sumerian Poetry in Translation*, 388, 각주 2,3 / Jacobsen, 'Primitive Democracy in Ancient Mesopotamia', 160, 각주 3.

27) A Prayer to Ea, Shamash and marduk, from Hama; Læssøe, 'A Prayer to Ea, Shamash and Marduk, from Hama'.

28) R. Frankena, *Briefe aus dem Berliner Museum*, 89(138째 줄).

29) 유사한 기록을 다음 자료를 통해서도 찾아볼 수 있다. Macdonald, 'An Assembly at Ugarit?', 516 / A. Boissier, 'Inscription de Narâm-Sin', 162-64.

30) Chelws-F. Jean, *Lettres Diverses*, 141면.

31) Macdonald, 'An Assembly at Ugarit?', 516 / 도시 Qattunan에서 있었던 일이다.

32) 바벨론의 홍수 이야기 '아트라 하시스'(Atra-Hasis)를 보면, 신들이 자기들에게 부과된 노역이 너무 힘들다고 불평하면서 우두머리 신에게 저항하여 집단 반란을 도모하는 장면이 나온다. 신화적 기록이긴 하지만 당시 인간 사회의 정황과 경험이 반영된 것이기에 생생한 모습을 전달하고 있다(Tab I 38-42 줄; K 10082, 1-2 줄; Tab I 61-69 줄). 참조, Lambert와 Millard, *Atra-Hasīs*, 43-47 / Kee, *A Study of the Heavenly Council in the Ancient Near Eastern Literature and Its Employment as a Type-Scene in the Hebrew Bible*, 67-68면.

33) 참조, Milgrom, *Numbers*, 335-336 / 민수기 35:12, 24-25 / 여호수아 9:18-19 / 22:16 / 사사기 21:10 / 열왕기상 12:20 등. Milgrom는 의회 '에이다'가 사사 시대에는 지도자가 부재하였을 시 이스라엘을 이끌었던 상시 의회로서 여긴다(사사기 19-21). 그리고 '에이다'가 왕국기 이후에는 '카할'에 의해 대체되었다고 본다. 그러나 그의 관찰은 본문의 형성과 배경에 대한 통시적 비평 없이 설명되어 있기에 의회의 정확한 역사적 배경을 그려 보기에는 어려움이 있다. 보다시피 본문 민수기 16:1-3에는 세 종류의 의회 명칭이 동시에 등장한다. 따라서 의회의 성격이나 배경을 그 명칭을 가지고 분류하는 것은 조심스러운 일일 수밖에 없다.
34) 기민석, '시 82편: 우가릿의 목소리, 이스라엘의 노래', 117-19면.
35) 여호수아서도 유사한 경우를 보고한다. 백성을 대표하는 회중 '에이다'는 그 회중 지도자들의 정치적 착오를 비난한다(수 9:18).
36) Vanstiphout, *Epics of Sumerian Kings — The Matter of Aratta*, 77 / 351-75 줄을 보라.
37) Vanstiphout, *Epics of Sumerian Kings — The Matter of Aratta*, 79.
38) 참조, Kee, *A Study of the Heavenly Council in the Ancient Near Eastern Literature and Its Employment as a Type-Scene in the Hebrew Bible*, 51-56.
39) 이희학, 《이스라엘 왕국의 역사》, 165-202.

5장

1) 고대 이스라엘의 전통은 동해복수(同害復讐, talion) 전통을 따라 목숨에는 목숨으로 갚는다(출 21:23-2). 구약성서의 살인 관련 규례에 관하여 탁월하게 설명하고 정리한 다음을 참조하라. Milgrom, *Numbers*, 509-511 / Boecker, *Law and the Administration of Justice in the Old Testament and Ancient East*, 36-37, 128, 173-175, 195-196.
2) 참조, 잠언 6:19; 12:17; 14:5; 19:5,9; 24:28; 25:18; 시편 27:12.
3) 왕정기의 발달과 함께 장로들과 더불어 마을에 영향력을 행사할 수 있는 사회적 계급인 소위 '귀족'이 등장한 것으로 볼 수 있다. 히브리어 원어로 ḥōr라 부르며 보통 '귀족' 혹은 '자유인'으로 번역된다. 이들은 오경을 제외한 성경 곳곳에서 이스라엘 사회의 지도급 계층으로 등장한다. 하지만 이미 생

각해 보았듯 구약의 여러 직임을 가리키는 용어는 유동적이고 정의가 불명확하다. 그들이 귀족이든 재판관이든 모두 묶어 가리킬 수 있는 용어는 아마도 '장로'일 것이다. 참조, Cogan, *1 Kings*, 479.

4) 이렇게 법정 의회에서 거짓 증언을 꾸며 무고한 사람을 죽였던 아합 왕은 나중에 공교롭게도 하늘의 의회에서 결정되어 꾸며진 거짓 영들에 의해 거짓 예언을 듣고 죽음을 당하게 된다(왕상 22). 참조, Christensen, *Deuteronomy*, 428-429.

5) 처음에 언급한 신명기 19:15-20과 이 본문은 반드시 한 명 이상의 증인을 요구한다는 점에서 같으나 사안에 있어서는 차이를 보이고 있다. 전자는 보편적인 사안, 후자는 사형에 해당하는 사안이다. 이와 같은 제도는 신약 시대 문헌에도 발견된다(마 18:16; 딤전 5:19). 참조, 강성렬 외 14인《신명기》, 398.

6) 참조, 기민석《구약의 뒷골목 풍경》, 123-129면.

7) Kee, *A Study of the Heavenly Council in the Ancient Near Eastern Literature and Its Employment as a Type-Scene in the Hebrew Bible*, 86 이하 참조.

8) §1, obv. 4-5, 'Treaty between Arnuwanda I of Hatti and the Men of Ismerika', Beckman *Hittite diplomatic texts*, 14.

9) §13, A rev. 38-39, 'Treaty between Suppiluliuma I of Hatti and Shattiwaza of Mittanni' / Beckman, *Hittite diplomatic texts*, 46.

10) Kee, *A Study of the Heavenly Council in the Ancient Near Eastern Literature and Its Employment as a Type-Scene in the Hebrew Bible*, 92-93.

11) √šību(m): CDA, 370. Weidner, *Politische dokumente Kleinasien: Die Staatsverträge in akkadischer Sprache aus dem Archiv von Boghazköi*, 28.

12) "Lamentation over Ur"로 알려진 시이며 위 본문은 그중 155-158째 줄에 해당한다(ANET: 458). 아누와 엔릴은 각각 하늘 그리고 바람의 신으로 여겨졌다.

13) Kee, 'The Heavenly Council and Its Type-Scene', 259, n.1.

14) KTU 1.14-16. 바알이 케렛 왕을 위해 천상의회에서 호소하는 장면은 1.15.

ii 10-20에 기록되어 있다.

15) Kee, *A Study of the Heavenly Council in the Ancient Near Eastern Literature and Its Employment as a Type-Scene in the Hebrew Bible*, 63-66.

16) K 1292, 16-25째 줄; S. Parpola, *Assyrian Prophecies*, 41.

17) Kee, *A Study of the Heavenly Council in the Ancient Near Eastern Literature and Its Employment as a Type-Scene in the Hebrew Bible*, 187, n. 296.

18) N. C. Habel, *The Book of Job*, 528. 참조, S.H. Scholnick, *Lawsuit Drama in the Book of Job*.

19) Habel, *The Book of Job*, 303-304.

20) 위 구절들은 '새번역' 성경에서 가져와 인용한 것이며, '개역개정'의 번역과는 다소 차이가 있다. 복잡한 원문 사정으로 차이가 생기기는 하였지만 어느 번역이든 법정 언어의 성격은 잘 드러나 있다.

21) 마지막 구절의 '중재할 사람'은 그 히브리어 어근이 '결정하다', '조정하다' 등의 뜻을 지닌 '야카흐'(yākaḥ)이다.

22) 이 외에도 욥 33:23; 5:1; 4:18은 하늘에 인간을 위하여 변호하거나 중재하는 신적인 존재가 있음을 암시한다. 본문에 인용한 구절의 주요 단어를 살펴보자. 19절의 '변호인'은 '싸헤이드'(śāhēd)로서 아람어에서 차용된 히브리어다. 그 뜻은 사실 '증인'에 더 가깝다. 20절의 '중재자'는 히브리어로 '리츠'(lîṣ)라는 어근을 가지고 있는데 '조롱하다' 혹은 이에 파생한 '중재하다'라는 의미도 있다. 아마도 '마구 말하다' 정도의 의미를 내포한 듯 보인다. '조롱하다'라는 의미 때문에 개역개정 성경은 위에 인용한 새번역과는 다소 다르게 표현되었다. 마지막 21절의 '변호하다'는 어근 '야카흐'(yākaḥ)로 표현되었다. 바로 위 각주를 보라. 욥기 9:33에서 사용된 단어와 같은 어근이다.

23) 에녹 1서 47장에는 죽은 의인들을 위하여 기도하고 탄원하는 모습이 나오며, 15장 2절과 9장도 인간을 위해 탄원하고 중보하는 천사들의 역할이 표현되어 있다.

24) N. C. Habel, *The Book of Job*, 306, 275도 참조.

25) 신명기를 발달시켰던 신명기 개혁 운동가들은 그들의 종교개혁으로 지방

성소들이 제거되어 지방의 소소한 사건들을 판단했던 기능이 마비될 것을 염려하여 위와 같은 명령을 내렸을 것으로 추정된다.

26) 참조, Tigay, *Deuteronomy*, 164-165.

27) 참조, 삼상 22:6-10. 이 사사기 구절에서 재판하는 자가 '앉아 있다'는 표현은 '의회'를 묘사할 때 사용되는 전형적인 표현이기도 하다. 참조, Kee, 'The Heavenly Council and Its Type-Scene', 267.

28) 삼갈(삿 3:31~), 돌라(10:1-2), 야일(10:3-5), 입산(12:8-10), 엘론(12:11-12), 압돈(12:13-15). 사사의 원어 '쇼페이트'(shophēt)를 그 말뜻 그대로 재판을 하는 이들로만 볼 필요는 없으며 주변 민족의 동족 언어와 비교해 보아 '통치자'의 뜻으로 볼 수 있다는 의견도 있다. 참조, Soggin, *Introduction to the Old Testament*, 175.

29) 위 본문, 즉 신명기 17:8-13을 다루는 주요 주석서들을 살펴보면 알 수 있지만, 이 '재판관'에 대한 기원과 정체는 매우 불분명하다. 다음 주석서들을 참조하라. Christensen, *Deuteronomy*, 374-375 / Nelson, *Deuteronomy*, 221 / von Rad, *Deuteronomy*, 117-118.

30) 자크 베르제에 관한 정보는 다음을 참조하였다. 〈가디언〉(The Guardian) 2013년 8월 16일자 기사, 'Jacques Vergès, French lawyer who defended Klaus Barbie, dies aged 88' / 2008년 5월 15일 기사, 'I said to Klaus Barbie: I want people to see your human side'. (https://www.theguardian.com/world/2013/aug/16/jacques-verges-dies-klaus-barbie) / (https://www.theguardian.com/world/2008/may/15/france.internationalcrime)

31) '재판정'은 사실 생소한 용어이며 원문상 다소 어색하게 위치한 단어다. 아마도 첨가 혹은 편집된 단어로 여겨진다. 그 단어가 없어도 '옥좌실'이 재판을 하는 곳이라는 설명이 원문에는 있는데, 위 번역은 그 설명을 생략한 채 번역하였다. 원문을 있는 그대로 번역하면 다음과 같다. "(그가) 재판을 하는 옥좌실, 재판정을 그가 만들었다. …" 다음 주석서도 같은 문체상의 문제를 지적한다. Cogan, *1 Kings*, 255.

32) 위 21장 6절의 '앞'과 22장 8절의 '앞'이 원문에서는 서로 다른 전치사로 표기되어있다. 전자는 '엘'('el), 후자는 '아드'('ad) 인데, 해석상 큰 차이는 없기에 대부분의 번역이 같은 뜻으로 번역하고 있다. 반면 후자인 22장 8절에서 '하나님'으로 번역된 '엘로힘'('ĕlōhîm)이 복수로 동사를 받고 있기

에, 하나님이 아니라 인간 '재판관들'로 이해되기도 하였다. 그러나 유사한 용례가 다른 성서 본문에도 가끔 나타나지만(예. 시 82:1) 이들을 인간 재판관들로 이해하는 것은 부적절하며, 천사와 같은 하늘의 다른 신적 존재들로 이해하는 편이 더 적절하다. 참고로 서아시아 어느 지역에서는 신상들을 붙들거나 그 앞에서 맹세를 하였다는 기록이 있기도 하다. 그런 문헌에서는 '신들' 앞에서 재판을 한다는 표현이 그런 관습을 의미한다고 볼 수 있다. 참조, Sarna, *Exodus*, 120.

33) 참조, 열왕기상 8:31-53; 신명기 17:8-10; 민수기 5:11-15. 시편 26편의 구체적 정황을 정확히 파악하는 것은 여느 많은 시편의 경우처럼 쉽지 않은 일이다. 몸이 아픈 사람의 기도, 고소당한 이의 토로, 혹은 순례자들이 성전에 와서 부르는 노래로 여겨지기도 했다: 참조, Craigie, *Psalms 1-50*, 224-25. 반면 다음 주석은 이 시가 종교 지도자가 아닌 일반 평민이 노래하는 '고소당한 이의 토로'임을 강조한다. Anderson, *Psalms 1-72*, 213-14, 92-93.

34) "세력이 있는 사람에게나 없는 사람에게나"를 직역하자면 "작은 사람이나 큰 사람이나"이다.

35) 이 구절에서 '다수'를 뜻하는 원어 '랍빔'(rabbîm)은 다수가 아니라 '강한 자'를 뜻하는 것으로 이해되기도 하였다(예. 대하 14:10). 그러나 다음 자료에서 지적하는 대로 강한 자가 본뜻일 리는 없고 후대에 그런 식으로 이해되었을 가능성만 있다. Childs, *The Book of Exodus*, 481.

36) 카네쉬는 현재 터키의 퀼테페(Kültepe)다. 이 점토판을 통해 알 수 있는 당시 법적 절차에 관한 정보는 다음을 참조하라: G. R. Driver and John C. Miles, *The Assyrian Laws*, 1-3, 377-9; Macdonald, "An Assembly at Ugarit?," 518-9; Evans, "Ancient Mesopotamian Assemblies," 3-7.

37) 특히 이 의결 과정에 관한 자세한 정보는 다음을 참조하라. Evans, "Ancient Mesopotamian Assemblies," 3-7.

38) 예언자들이 너무나 똑같이 같은 예언을 하는 것은 거짓 예언임을 나타내는 증거라고 믿는 유대 전통이 있었다. Cogan, *1 Kings*, 491; 위 책의 22장 13절 해설을 보라. "두 예언자가 같은 언체로 예언하는 법이 없다" (Babylonian Talmud Sanhedrin 89a).

39) 아합의 죽음에 대하여 성경은 두 가지 상반된 전통을 함께 보고한다. 열왕기상 22장 37-38절은 그의 처참한 죽음을 그리고 있다. 그러나 40절은 그

가 조상과 함께 묻혔다고 하는데 이는 평화로운 죽음을 언급할 때 성경에서 사용되는 표현이다. 그래서 열왕기상 22장은 두 종류의 이야기가 결합된 것으로 비평가들은 판단하기도 하였는데, 아합의 처참한 죽음은 사실 열왕기하 9장에 나온 아합의 아들 요람의 전쟁과 활에 맞아 죽은 이야기가 반영된 것으로 본다. 이런 견해를 치밀하게 전개하는 대표적 학자로는 저명한 WBC(Word Biblical Commentary) 시리즈의 열왕기상 주석을 저술한 사이먼 드브리스를 들 수 있다. 참조, DeVries, *1 Kings*, 265-72. 특히 열왕기상 22장만 전문적으로 다룬 그의 다음 저서도 참조하라. DeVries, *Prophet against Prophet*.

40) 반면 열왕기상 22장은 참 선지자와 거짓 예언자간의 대결 연구사에 있어 신학적인 문제점을 제시한다. 여기서 400명의 거짓 선지자가 거짓 예언을 한 근본적인 원인은 하늘에서 거짓 영이 그들에게 내려왔기 때문이다. 악한 아합 왕을 죽이기 위한 하늘의 계획 가운데에 400명의 선지자들은 거짓 예언자 노릇을 한 것뿐이다. 이는 신정론의 문제와도 함께 다루어야 할 심도 깊은 주제다. 참조, Leithart, *1&2 Kings*, 162-64.

41) Cogan, *1 Kings*, 479. 앞에서 이미 밝힌 것처럼 '장로'는 이와 같이 유동적이고 광의적 의미를 가지고 있다.

42) 유대 전통 속에 열 명은 공식적인 의회를 구성하기 위한 최소한의 수로 여겨지기도 했다. Eskenazi and Frymer-Kensky, *Ruth*, 72.

43) 반면 룻기의 신 벗기와 신명기의 신 벗기기는 다른 경우의 관습을 다룬 것으로 볼 수도 있다. 신명기는 형제의 미망인을 취하지 않았을 경우이고 룻기는 1절이 명시하듯 일반적인 매매나 교환에 관한 경우라 볼 수 있다. 참조, Eskenazi and Frymer-Kensky, *Ruth*, 79. 그러나 집안의 한 미망인을 아내로 취하는 것을 매매나 교환으로 여기는 것이 부적절해 보인다. 최종 기록 연대는 신명기의 본문이 룻기의 본문보다 더 빨랐을 가능성도 있다.

44) 귀환 사회의 지리적 영역이 넓은 편이 아니었기에 사흘이면 충분히 공고와 모집이 가능하였을 것이다. 참조. Williamson, *Ezra, Nehemiah*, 154.

45) 여기의 '지도자'는 '사르'(sār)로서 역대기 기자의 기록 속에서 지파의 우두머리나 레위인이나 제사장들을 가리킨다. 다음 주석은 이들을 장로들보다는 높은 위치의 직임을 지닌 이들로 본다. Blenkinsopp, *Ezra-Nehemiah*, 190. 하지만 앞에서 몇 번 언급하였듯 장로는 특정 위치로 한정되기 어렵

다. 더불어 '사르'(sār)도 매우 넓은 용례의 단어다.

짧은 이야기 – 천상의회 판타지아
1) Clines, *Job 1-20*, 18-9.

참고 문헌

국내도서

강성렬 외 14인,《신명기》(원문번역 역사비평주석, 감신대출판부, 2004)

기민석, '우가릿 문헌 KTU 1.16.v와 이사야 6장을 비교하여 살펴본 이사야의 사명과 신정론',《코 아마르 아도나이》(침례신학대학교출판부, 2005)

_____, '천상의회의 전형적 기술에 대한 관찰', 헤르메네이아 투데이(31; 한국신학정보연구원, 2005)

_____, '고대 의회와 셈어 mlk', 〈구약논단〉(17: 2005)

_____, '시 82편: 우가릿의 목소리, 이스라엘의 노래', 〈구약논단〉(32: 2009)

_____,《구약의 뒷골목 풍경—고대 이스라엘 사람들의 문화와 삶》(인문학으로 성경 읽기 시리즈 1; 예책, 2013)

루 조르주, 김유기 옮김,《메소포타미아의 역사》(2권; 한국문화사, 2014). 원제는 Roux, Georges. *La Mésopotamie*.

르네 지라르, 김진식 옮김,《폭력과 성스러움》(민음사, 1993). 원제는 René Girard. *La Violence et Le Sacre*.

이희학,《이스라엘 왕국의 역사》(대한기독교서회, 2009)

전대하, '창세기에 나타난 하나님의 복수 인칭 사용 연구(창 1:26; 3:22; 11:7)', 미출간 석사학위 논문(침례신학대학교, 2009)

정원제, '파괴된 몸, 파괴된 사회: 사사기 19~21장에 드러난 희생과 집단적 광기에 관한 내러티브 연구', 미출간 석사 학위 논문(침례신학대학교, 2012)

한동구,《오경이해》(프리칭아카데미, 2006)

_____, 《신명기 개혁운동》(동연, 2014)
허셸 섕크스/잭 마인하르트 엮음, 강승일 옮김, 《유일신 신앙의 여러 모습들— 야훼 하나님은 어떻게 한 분이신가》(한국신학연구소, 2008). 원제는 Hershel Shanks, Jack Meinhardt (ed.). *Aspects of monotheism: how God is one.*

해외도서

Albertz, Rainer. *A History of Israelite Religion in the Old Testament Period, Vol. II.* Westminster John Knox, 1994.

Anderson, Arnold Albert. *Psalms 1-72.* Eerdmans, 1995.

Beckman, Gary M., and Harry A. Hoffner, (eds.). *Hittite diplomatic texts.* No. 7. Scholars Press, 1999.

Blenkinsopp, Joseph. *Ezra-Nehemiah: a commentary.* Westminster John Knox Press, 1988.

Boecker, Hans Jochen. *Law and the Administration of Justice in the Old Testament and Ancient East.* Augsburg, 1980.

Boissier, A. 'Inscription de Narâm-Sin', *Revue d'assyriologie et d'archéologie orientale.* 16; 1919. 157-164

Brueggemann, Walter, and Tod Linafelt. *An Introduction to the Old Testament: The Canon and Christian imagination.* Westminster John Knox Press, 2003.

Budd, Philip J. *Numbers. Word Biblical Commentary.* Word Books, 1984.

Butler, Trent C. *Joshua. Word Biblical Commentary.* Word Books, 1983. 214-16

Childs, Brevard S. *The Book of Exodus. A Critical, Theological Commentary.* Westminster John Knox Press, 1974.

Christensen, Duane L. *Deuteronomy. Word Biblical Commentary.* Word Books, 1991.

Clines, David J. A. *Job 1-20. Word Biblical Commentary.* Word Books, 1989.

Cogan, Mordechai, (ed.). *1 Kings : a new translation with introduction and commentary*. Vol. 10. Anchor Bible, 2001.

Craigie, Peter C. *Psalms 1-50. Word Biblical Commentary*. Word Books, 1983.

DeVries, Simon J. *1 Kings. Word Biblical Commentary*. Word Books, 1985.

_____. *Prophet against prophet*. Wm. B. Eerdmans Publishing, 1978.

Driver, Godfrey Rolles, John C. Miles, and John Charles Miles, (eds.). *The Assyrian Laws*. Scientia Verlag, 1975.

Dunn, James D. G. *Romans 1-8. Word Biblical Commentary*. Word books, 1988.

Eskenazi, Tamara Cohn, and Tikva Simone Frymer-Kensky. *Ruth: the traditional Hebrew text with the new JPS translation*. חור. The Jewish Publication Society, 2011.

Evans, G. 'Ancient Mesopotamian Assemblies', Journal of the American Oriental Society (78). 1958. 1-11, 114-25

Frankena, R. *Briefe aus dem Berliner Museum Altbabylonische Briefe im Umschrift und Übersetzung, Vol. 6*. Brill Archive, 1974.

Gordis, R. 'Democratic Origins in Ancient Israel-The Biblical 'ÊDÂH'; S. Lieberman (ed.). *Alexander Marx Jubilee Volume*. Jewish Theological Seminary of America, 1950. 369-88

Habel, Norman C. *The Book of Job: A Commentary*. Westminster John Knox Press, 1985.

Handy, L. K. *Among the Host of Heaven: The Syro-Palestine Pantheon as Bureaucracy*. Eisenbrauns, 1994.

Heidel, A. *The Babylonian Genesis*. 2nd ed. The University of Chicago Press, 1951.

Heiser M. S. 'Divine Council', *Dictionary of the Old Testament: Wisdom, Poetry & Writings: A Compendium of Contemporary Biblical Scholarship*. Tremper Longman III and Peter Enns (ed.). InterVarsity Press, 2008. 112-116.

Jacobsen, T. 'Primitive Democracy in Ancient Mesopotamia', Journal of Near Eastern Studies (2), 1943. 159-172

_____. *The Harps that Once... Sumerian Poetry in Translation.* Yale University, 1987.

Jean, Chelws, F. *Lettres Diverses.* Archives Royales de Mari, II; Paris, 195.

Kaiser, Otto. *Introduction to the Old Testament: A presentation of its results and problems.* Augsburg Publishing House, 1975.

Kennedy, A. R. S., and W. F. Stinespring. 'Congregation, Assembly', in J. Hastings. (ed.). *Dictionary of the Bible.* 2nd ed.; Revised by F. C. Grant and H. H. Rowley; T.&T. Clark, 1963. 173

King, Leonard W. Babylonian Magic and Sorcery: Being the Prayers of the Lifting of the Hand: The Cuneiform Texts of a Group of Babylonian and Assyrian Incantations and Magical Formulae Edited with. Weiser Books, 2000.

Lambert, W. G. and A. R. Millard. *Atra-Hasīs: the Babylonian Story of the Flood, with The Sumerian Flood Story by Miguel Civil.* 1999.

Landsberger, B and J.V. Kinnier Wilson. 'The Fifth Tablet of Enuma Eliš', Journal of Near Eastern Studies (20). 1961: 154-179

Læssøe, J. 'A Prayer to Ea, Shamash and Marduk, from Hama', Iraq (18). 1956. 60-67

Leithart, Peter J. *1 & 2 Kings.* Brazos Press, 2006.

Macdonald, J. 'An Assembly at Ugarit?', *Ugarit - Forschungen* (21), 1979. 515-26

Milgrom, J. *Numbers. The JPS Torah Commentary.* The Jewish Publication Society, 1989.

Min Suc Kee. *A Study of the Heavenly Council in the Ancient Near Eastern Literature and Its Employment as a Type-Scene in the Hebrew Bible.* 미출간 박사학위 논문; University of Manchester, 2003.

_____. 'Semantic Development of mlk within the Council System of Ancient Mesopotamia', M. Augustin and H. Niemann. (ed.). *Stimulation from Leiden. Collected Communications to the XVIIIth Congress of the*

International Organization for the Study of the Old Testament, Leiden 2004. Beiträge zur Erforschung des Alten Testaments und des Antiken Judentums; Vol. 54; Peter Lang; 2006. 295-304.

_____. 'The Heavenly Council and Its Type-Scene', Journal for the Study of the Old Testament (31). 2007. 259-273

Moran, W. L. (ed.). *Toward the Image of Tammuz and Other Essays on Mesopotamian History and Culture – Thorkild Jacobsen*. Harvard University Press, 1970,

Mullen, E. T. *The Assembly of the Gods*. Harvard Semitic Monographs; Scholars Press, 1989.

Neef, H. D. *Gottes himmlischer Thronrat – Hintergrund und Bedeutung von sôd JHWH im Alten Testament*. Calwer, 1994.

Nelson, Richard D. *Deuteronomy: a commentary*. Presbyterian Publishing Corp, 2004.

Nissinen, Marti, 'Prophets and the Divine Council'; U. Hübner and E.A. Knauf (eds.). *Kein Land für sich allein: Studien zum Kulturkontakt in Kanaan, Israel/Palästina und Ebirnâri für Manfred Weippert zum 65. Geburtstag*. OBO, 186; Freiburg, Schweiz: Universitätsverlag; Göttingen: Vandenhoeck & Ruprecht, 2002.

Martin Noth. *Numbers*. Old Testament Library; SCM, 1968.

Parpola, S. *Assyrian Prophecies*. State Archives of Assyria, V. 9; Helsinki University Press, 1997

Polley, M. E. 'Hebrew Prophecy Within the Council of Yahweh, Examined in Its Ancient Near Eastern Setting' inC.D. Evans, W.W. Hallo and J.B. White (eds.). *Scripture in Context – Essays on the Comparative Method*. Pickwick, 1980.

Ralph W. Klein. *1 Samuel. Word Biblical Commentary*. Word Books, 1983.

Sarna, Nahum M. *Genesis. The JPS Torah commentary*. The Jewish Publication Society, 1989.

Scholnick, Sylvia Huberman. *Lawsuit drama in the Book of Job*. University Microfilms; 미출간 박사학위 논문; Brandeis University, 1979.

Selbie, J. A. 'Congregation', in James Hastings (ed.). *A Dictionary of the Bible Vol. I*; T.&T. Clark, 1900. 466-67

Skinner, J. Genesis. *The International Critical Commentary*; T&T Clark, 1910.

Speiser, E. A. *Genesis*. The Anchor Bible, 1964.

Soggin, J. Alberto. *Introduction to the Old Testament*. SCM, 1980.

Tigay, Jeffrey H. *Deuteronomy. The JPS Torah Commentary*. The Jewish Publication Society, 1996.

Vanstiphout. Herman, *Epics of Sumerian Kings – The Matter of Aratta*. Society of Biblical Literature, 2003.

Von Rad, Gerhard. *Genesis*. The Old Testament Library; SCM, 1961.

_____. *Deuteronomy: a commentary*. Vol. 5. Westminster John Knox Press, 1966.

Watts, John D. W. *Isaiah 1-33*. Vol. 24. Nelson/Word Publishing Group, 2005.

Weidner, E. F. *Politische dokumente Kleinasien: Die Staatsverträge in akkadischer Sprache aus dem Archiv von Boghazköi*. Boghazköi-studien, 8-9; Hinrichs, 1923.

Wenham, G. J. *Genesis1-15. Word Biblical Commentary*. Word Books, 1987.

Westermann, C. *Genesis 1-11: A Commentary*. Trans. by J.J. Scullion S.J.; SPCK, 1984.

Williamson, Hugh Godfrey Maturin; *Ezra and Nehemiah*. A&C Black, 1987.

Wright, C. J. H. 'Family', *The Anchor Bible Dictionary, Vol. 2*. Doubleday, 1992, 763-766.

고대 이스라엘 의회제도
구약의 민주주의 풍경
A View to Democracy
in the Old Testament

2017. 4. 19. 초판 1쇄 인쇄
2017. 4. 25. 초판 1쇄 발행

지은이 기민석
펴낸이 정애주
국효숙 김기민 김의연 김준표 김진원 박세정
송승호 오민택 오형탁 윤진숙 이한별 임승철
임진아 정성혜 차길환 한미영 허은
펴낸곳 주식회사 홍성사
등록번호 제1-499호 1977. 8. 1.
주소 (04084) 서울시 마포구 양화진4길 3
전화 02) 333-5161
팩스 02) 333-5165
홈페이지 www.hsbooks.com
이메일 hsbooks@hsbooks.com
페이스북 facebook.com/hongsungsa
양화진책방 02) 333-5163

ⓒ 기민석, 2017

• 잘못된 책은 바꿔 드립니다.
• 책값은 뒤표지에 있습니다.
• 이 도서의 국립중앙도서관 출판예정도서목록(CIP)은
 서지정보유통지원시스템 홈페이지(http://seoji.nl.go.kr)와
 국가자료공동목록시스템(http://www.nl.go.kr/kolisnet)에서
 이용하실 수 있습니다.(CIP제어번호: CIP2017009330)

ISBN 978-89-365-0345-1 (03230)